MINISTERO PER I BENI CULTURALI E AMBIENTALI
BIBLIOTECA RICCARDIANA – FIRENZE

# LA STAMPA A FIRENZE

## 1471-1550

OMAGGIO A ROBERTO RIDOLFI

Catalogo a cura di
D. E. RHODES

FIRENZE
LEO S. OLSCHKI EDITORE
MCMLXXXIV

ISBN  88 222 3253 4

# PRESENTAZIONE

« *La stampa a Firenze 1471-1550* », *una delle mostre organizzate per celebrare il 40° anniversario della riapertura al pubblico della Biblioteca Riccardiana, supera la particolare circostanza che l'ha suggerita in quanto, testimoniando con le opere esposte in rigorosa e prestigiosa scelta uno dei momenti più felici della storia della tipografia fiorentina, si concretizza, grazie anche al catalogo, in un fatto di scienza e di cultura, nonché in un mezzo di informazione di sicura validità.*

*È significativo che le opere esposte siano nella maggior parte della Biblioteca Riccardiana, che intende con questa mostra non solo far conoscere e valorizzare i suoi fondi più rari, ma anche rendere un devoto omaggio di amicizia e di ammirazione al nostro bibliofilo Roberto Ridolfi, che tanto appassionato lavoro ha dedicato proprio allo studio di questi fondi.*

*L'iniziativa promossa con entusiasmo e rigore scientifico dall'Ispettrice Centrale Maria Jole Minicucci, ha trovato in Dennis E. Rhodes e in Alessandro Olschki una pronta e qualificata adesione, prova della comunanza di interessi intellettuali che lega ancora tra loro i discepoli del Maestro.*

*Di tanto li ringrazio con affetto.*

Francesco Sisinni
Direttore Generale del Ministero
per i Beni Culturali

5

# PREFAZIONE

Roberto Ridolfi, un personaggio di tale statura che rende inadeguato qualsiasi omaggio. Un uomo, una lunga vita di studioso, di scrittore eccelso che tramanda – ultimo alfiere – la mirabile tradizione dello stile rinascimentale fiorentino; bibliofilo e bibliografo, storico di fama mondiale; elzevirista celebre, definito – nella motivazione del recente " Premio Prezzolini " – « squisitamente fiorentino per sangue, nome e talento ».

Ho accolto con entusiasmo l'idea degli amici Maria Jole Minicucci e Dennis Rhodes di dedicargli questa mostra che vuole costituire una sintesi dei suoi prediletti strumenti di lavoro (e che conosce meglio di chiunque altro) e di un momento tipografico fra i meno noti e definibili nel panorama dell'inizio dell'attività tipografica nelle maggiori città italiane. Anche se l'omaggio resta inadeguato sono certo che Ridolfi ne coglierà il profondo significato di amicizia, di stima, di affetto che mi lega a lui per consuetudine di generazioni in un dialogo che non è stato avaro di frutti fecondi.

Ci apprestiamo a celebrare il secolo di vita della Casa Editrice e, nei nostri lunghi annali, la presenza di Ridolfi è una costante piena di significato: con mio nonno Leo iniziò il suo cammino di studioso salendo il primo gradino di una lunga e luminosa ascesa, con mio padre Aldo la collaborazione divenne sempre più stretta culminando con la direzione de « La Bibliofilia » il periodico fondato da mio nonno nel 1899 (proprio lo stesso anno in cui Roberto Ridolfi nacque!), testata prediletta fra le tante che affollano il nostro catalogo.

Tra le molte cose positive che la lunga tradizione di famiglia e di lavoro mi ha fatto recepire, l'amicizia di Ridolfi – discesa per li rami – costituisce un cardine ed allo stesso tempo un impegno morale soprattutto per la tradizionale cura della Casa

Editrice per quelle « scienze bibliografiche » che sono state alla base dell'opera e della fama di mio nonno e che in Ridolfi hanno trovato un grande, appassionato ed acuto cultore.

Gli incunabuli fiorentini e la Biblioteca Riccardiana – dove più che altrove amava appartarsi per dare libero sfogo al suo istinto di segugio di razza fiutando labili tracce per sensazionali scoperte – sono in definitiva un binomio che solo a lui poteva essere dedicato.

ALESSANDRO OLSCHKI

# INTRODUZIONE

*Compito della scienza non è soltanto quello di fondare nuovi edifici; sì bene quello ancora di finire e di rifinire gli edifici già incominciati.*

R. Ridolfi, *Proposta di ricerche sulle stampe e sugli stampatori del Quattrocento*, « La Bibliofilia », LI, 1949, p. 1.

Sono trascorsi ormai più di 40 anni da quando la Biblioteca Riccardiana iniziò una sua propria vita autonoma aprendo le sue bellissime sale al pubblico e mettendo a disposizione degli studiosi i suoi tesori bibliografici.[1] Tra questi parte rilevante ha la raccolta degli incunabuli che, insieme ad edizioni del '500, costituisce la sezione delle « Edizioni Rare ».[2]

Agli incunabuli riccardiani rivolse la sua attenzione l'abate Francesco Fontani che dal 1783 al 1818 fu bibliotecario prima della grande Libreria patrizia e poi della Biblioteca statale Riccardiana.[3] Il Fontani compilò un indice che si conserva manoscritto nella Riccardiana e che in questa mostra è esposto fuori

---

[1] Su questo avvenimento cfr. M. J. Minicucci, *Ville palazzi biblioteche dei Riccardi. I marchesi Francesco Bernardino Gabriello*, in Ministero per i Beni Culturali e Ambientali, Biblioteca Riccardiana. Provincia di Firenze, Biblioteca Moreniana *I Riccardi a Firenze e in villa. Tra fasto e cultura*, Firenze, Centro Di 1983, pp. 12-15.

[2] Come risulta anche dalle segnature del Catalogo, alcuni incunabuli sono collocati tra le « miscellanee ».

[3] Sull'abate bibliotecario F. Fontani cfr. M. J. Minicucci, *Elogio del custode*, « Nuova Antologia », settembre-dicembre 1977, fasc. 2121-2124, pp. 148, 154-156, n. 4; *Una Biblioteca all'incanto. La Riccardiana*. Premessa di G. Spadolini (Biblioteca Riccardiana, Firenze), Firenze, L. S. Olschki Editore 1979, passim; *Ville palazzi biblioteche dei Riccardi ...* cit., p. 69, n. 31, passim.

catalogo. In questo lavoro si rivela studioso attento alla letteratura incunabulistica del suo tempo.[4]

---

[4] Infatti, nell'indice, all'elenco alfabetico degli autori e dei titoli delle opere anonime distinto in due parti – edizioni con note tipografiche e edizioni « sine loco, tempore et typographo » – segue un elenco in cui le opere sono raggruppate sotto i nomi delle città luogo di stampa, ordinati alfabeticamente. Entro ciascuna incasellatura topografica le edizioni sono registrate sotto i nomi dei singoli tipografi, come aveva fatto l'Orlandi.

Nell'indice, che è redatto in gran parte in latino, il Fontani precisa se le opere sono « in membrana » e registra anche edizioni del '500, del '600 e perfino qualcuna del '700, come la propria *Dissertazione sui riti nuziali de' Greci*, stampata a Firenze per Iacopo Grazioli nel 1789. All'indice furono fatte successive aggiunte.

Il Fontani, come attesta il bibliotecario abate L. Rigoli suo successore, « aumentò » la libreria Riccardiana non solo « di molti insigni manoscritti » e di « opere nuove necessarie per la letteratura », ma anche « di edizioni del sec. XV » (M. J. MINICUCCI, *Ville palazzi biblioteche dei Riccardi...* cit., p. 69, n. 31. Le « Edizioni del secolo XV ed altre rare » possedute dalla Riccardiana sono elencate nell'*Inventario e stima della Libreria Riccardi*, in Firenze, s.n.t., 1810, numeri 1-617).

Anche alla raccolta del canonico Moreni, primo nucleo della futura Biblioteca Moreniana, il Fontani procurò manoscritti e libri. In un manoscritto moreniano appartenuto a P. Bigazzi (Bigazzi 132), contenente carte del Fontanini raccolte sotto il titolo « Varia, Cataloghi. Iscrizioni, Studi e notizie diverse », è conservato un elenco con i relativi prezzi di manoscritti e libri acquistati dal Fontani per il « Sig. Can.co Moreni ».

Fra i manoscritti fa spicco la « Historia ex Boccaccio » del Nerli: è il pregevole codice Mor. 220 contenente la novella di Griselda (cfr. *Dec.* X.10) nella cinquecentesca traduzione latina di Nerio Nerli e una raccolta di epistole latine dello stesso Nerli (cfr. *Mostra di manoscritti, documenti e edizioni. VI Centenario della morte di Giovanni Boccaccio*, Firenze, Biblioteca Medicea Laurenziana, 22 maggio-31 agosto 1975, Certaldo, a cura del Comitato promotore, 1975, I. *Manoscritti e documenti*, n. 83). Il manoscritto Mor. 46 (membr., sec. XV e XVI) presenta i « Capitoli della Compagnia di Brozzi » o meglio i « Capitula novae Societatis corporis Christi plebis Brotij ».

Il Fontani procurò al dotto canonico anche un incunabolo: DOMENICO CECCHI, *Riforma santa e preziosa per conservatione di Firenze*, Firenze, Francesco di Dino 24.II.1496, 4°, rom. ill. L'opera è oggi contrassegnata con il n. 20 nella sezione degli incunabuli moreniani.

Nell'elenco del ms. Bigazzi 132 figura anche l'opera « Orlandi della stampa », ossia l'*Origine e progressi della stampa* o sia dell'arte impressoria e notizie dell'opere stampate dall'anno MCCCCLVII sino all'anno MD del bolognese Pellegrino Antonio Orlandi stampata a Bologna nel 1722.

Sull'importanza nella storia degli studi incunabulistici di questa prima rassegna italiana di incunabuli cfr. M. J. MINICUCCI, *Roberto Ridolfi incunabulista. Contributo alla storia degli studi paleotipici in Italia*, in *Studi offerti a Roberto Ridolfi Direttore de 'La Bibliofilia'*, a cura di B. Maracchi Biagiarelli e D. E. Rhodes, Firenze, L. S. Olschki Editore 1973, p. 24 sg. (Biblioteca di Bibliografia Italiana, LXXI).

A Berta Maracchi Biagiarelli, che fu direttrice della Riccardiana dal 1° ottobre 1956 al 19 giugno 1967, si devono le schede, redatte con criteri moderni, delle edizioni riccardiane del secolo XV e lo studio *Gli incunabuli della Biblioteca Riccardiana*.[5]

Su questo tesoro riccardiano, che fra 780 incunabuli gli offriva ben 220 edizioni stampate a Firenze, si posarono gli occhi e la mano di un ricercatore geniale, il marchese Roberto Ridolfi, il nostro maggiore incunabulista.

Nei propizi ambienti riccardiani il marchese fiorentino trascorse ore serene studiando il libro che è forse « il più famoso tra i postillati dal Savonarola », la Bibbia stampata a Venezia il 1492 per Girolamo de' Paganini (Ed. Rare 640, IGI 1675) e « copiosamente glossata dal Frate ».[6]

E un bel giorno ebbe la ventura di scoprire, in questa ricca messe di incunabuli, un *unicum*, purtroppo scompleto, che « per il contenuto, per il piccolo formato e per alcune caratteristiche costituisce una novità singolare che viene ad aggiungersi agli annali tipografici di Niccolò della Magna »: quell'elegante offiziolo, che reca il titolo *Officium B.V. Mariae et alia Officia*, fu stampato a Firenze da Niccolò di Lorenzo il 5 luglio 1483 (Ed. Rare 726).

---

[5] B. Maracchi Biagiarelli, *Gli incunabuli della Biblioteca Riccardiana*, « Accademie e Biblioteche », XXIX, n. 3-4, 1961, pp. 2-8. Segnaliamo qui i contributi della studiosa fiorentina alla storia della stampa della sua città ricordando l'apprezzamento di R. Ridolfi che li ha giudicati « uno più prezioso dell'altro » per « diligenza, ampiezza d'informazioni ed acutezza di interpretazione » (cfr. R. Ridolfi, *Briciole bibliologiche*, in *Contributi alla storia del libro italiano*, Miscellanea in onore di Lamberto Donati, Firenze, L. S. Olschki Editore 1969, p. 283): *I Sermartelli discendenti di Bartolomeo de' Libri ...*, « La Bibliofilia », LXIII, 1961, pp. 281-288; *Incunabuli fiorentini « sine notis »*, « La Bibliofilia », LXVII, 1965, pp. 153-161; *Il privilegio di stampatore ducale nella Firenze Medicea*, « Archivio Storico Italiano », anno CXXIII, 1965, pp. 304-370; *Editori di incunabuli fiorentini*, in *Contributi alla storia del libro italiano* cit., pp. 211-220; *Niccolò Tedesco e le carte della Geografia di Francesco Berlinghieri autore-editore*, in *Studi offerti a Roberto Ridolfi* cit., pp. 377-397; *Privilegio ed inizio di stampa in caratteri ebraici a Firenze (1734-35)*, in *Studi di biblioteconomia e storia del libro in onore di Francesco Barberi*, Roma, Associazione Italiana Biblioteche 1976, pp. 383-390.

[6] R. Ridolfi, *La « Bibbia del Savonarola » della Biblioteca Nazionale di Firenze*, « La Bibliofilia », XLI, 1949, p. 337 n. 1. Lo studio è pubblicato anche in *Opuscoli di storia letteraria e di erudizione*, Firenze, « Bibliopolis », 1942, p. 29 n. 1.

Altra volta, nella massa degli incunabuli, isolò un volume misterioso, tutto stampato in greco e privo di note tipografiche, gli *Erotemata* del Crisolora (Ed. Rare 611, IGI 2777). Quell'« arcaica » preziosa edizione fu forse il primo libro stampato a Firenze intieramente in greco.[7]

Con quale animo Roberto Ridolfi si è accostato a quelle venerande testimonianze della più antica attività impressoria? Una sua scarna confessione ci fa sentire il fascino dei suoi particolarissimi studi e quasi ci fa intravedere in quel ricco panorama spirituale la trepidazione sempre rinnovantesi dell'attesa e la gioia della conquistata verità: « Ho un debole per i libri della stampa in culla, che sono stati per me lungamente materia di studio e poi anche d'insegnamento universitario ».[8]

E dalla Riccardiana volgendo lo sguardo alla sua città, sul fondamento sicuro di una prodigiosa erudizione signorilmente dominata, il marchese iniziò i suoi studi sulla stampa fiorentina in culla.

Nell'opera magistrale sui primordi della stampa a Firenze, frutto di quelle indagini, penetra e rivela i misteri della nascita e della composizione del libro fiorentino a stampa del secolo XV.

La Riccardiana, che annovera Roberto Ridolfi tra i suoi più illustri studiosi, intende con questa mostra onorare il Maestro che è stato ricercatore appassionato e infaticabile, fortunato scopritore di documenti d'archivio, bibliografo, filologo, storico, biografo, incunabulista.[9]

Lo onora insieme ad Alessandro Olschki, editore della prestigiosa « Bibliofilia », di cui negli ultimi tempi il Ridolfi ha lasciato la direzione tenuta per quasi quarant'anni dal 1944 al 1982.

Ho avuto la fortuna di avere Roberto Ridolfi come Maestro prima nella non più esistente Scuola di perfezionamento per archivisti e bibliotecari da lui voluta presso l'Università di Fi-

---

[7] R. RIDOLFI, *La stampa in Firenze nel secolo XV*, Firenze, L. S. Olschki 1958, pp. 54-55 e 61-62; 25 sg. e 97.

[8] R. RIDOLFI, *Carta, carta*, in *Le cantafavole*, Firenze, Sansoni Editore 1977, p. 140.

[9] M. J. MINICUCCI, *Roberto Ridolfi incunabulista* cit., p. 2.

renze, poi nella fiorentina Biblioteca Nazionale Centrale, dove ero bibliotecaria e dove il Ridolfi dette vita nel 1962 ad alcune importanti iniziative: la redazione del catalogo degli incunabuli italiani e la redazione di un nuovo indice dei tipi rappresentati nelle tavole pubblicate dalla Gesellschaft für Typenkunde des XV Jahrhunderts (G.F.T.).[10]

Il catalogo degli incunabuli italiani non sarebbe stato un duplicato dell'IGI, comprendendo anche le edizioni esistenti in biblioteche straniere o private e quelle di cui non si conosce nessun esemplare, ma di cui si ha sicura notizia dai documenti.

Come Dennis E. Rhodes, illustre studioso di incunabuli e di cinquecentine, amico di Roberto Ridolfi e de « La Bibliofilia », curatore nel 1973 con Berta Maracchi Biagiarelli del volume *Studi offerti a Roberto Ridolfi*, mi chiedo che cosa ho imparato dal Maestro. E come lui concludo: tante cose. Sul piano umano ho capito il valore singolare di una preziosa amicizia più che ventennale. Sul piano degli studi ho capito soprattutto che nella storia del libro si riflette e si esprime la secolare vicenda dell'umana spiritualità. Perché il libro è veramente – come ha detto il Maestro – « la storia esterna dello spirito umano ».

Questa mostra è la terza delle manifestazioni che ho ideato per ricordare il 40° anniversario della riapertura al pubblico della Biblioteca Riccardiana e della consorella Biblioteca provinciale Moreniana. È stata preceduta dalle mostre « I Riccardi a Firenze e in villa. Tra fasto e cultura » (26 marzo-26 maggio 1983) e « Dalla " Libreriola " dell'architetto fiorentino Giuseppe Del Rosso » (3 giugno-3 agosto 1983).[11]

La rassegna che ora inauguriamo vuol essere, come ho già detto, un omaggio al grande studioso di incunabuli e di edizioni del sec. XVI, ed è anche un omaggio alla Biblioteca Riccardiana.

---

[10] Cfr. R. RIDOLFI, *Francesco della Fontana stampatore e libraio a Venezia in un documento del 1477*, in *Studi bibliografici*. Atti del Convegno dedicato alla storia del libro italiano nel V centenario dell'introduzione dell'arte tipografica in Italia (Bolzano 7-8 ottobre 1965), Firenze, L. S. Olschki Editore 1967, p. 53 n. 2; M. J. MINICUCCI, *Roberto Ridolfi incunabulista* cit., pp. 74-75.

[11] Ministero per i Beni Culturali e Ambientali, Biblioteca Riccardiana, *Dalla « Libreriola » dell'architetto fiorentino Giuseppe Del Rosso*, Firenze, Centro Di 1983.

Nelle mostre allestite in questi ultimi anni [12] è stata presentata una serie di manoscritti inediti o poco noti della Moreniana e della Riccardiana; questa volta ho voluto richiamare l'attenzione su un manipolo di opere a stampa. I libri esposti si collocano in un arco di tempo che non raggiunge il secolo, ma tracciano un panorama di anni, di opere e di tipografi estremamente significativi. Dei 45 pezzi più della metà appartiene alla Riccardiana che con 13 incunabuli presenta 12 edizioni a stampa selezionate dalla sua pregevolissima raccolta di cinquecentine, delle quali sono in corso la revisione e la schedatura.

In omaggio alla Moreniana si aggiungono due incunabuli (schede n. 9 e n. 21), che rappresentano una interessante ma poco nota sezione della biblioteca,[13] e una edizione del '500 (scheda n. 33).

I libri esposti in onore del grande scrittore fiorentino e toscano [14] sembrano esprimere una essenziale caratteristica della

---

[12] Cfr. i cataloghi: Provincia di Firenze, Biblioteca Moreniana, *Itinerari Moreniani in Toscana*. Mostra nel 110° anniversario della istituzione della Biblioteca Moreniana, Firenze, F. e F. Parretti Grafiche 1980; M. J. MINICUCCI, *Perierant et inventae sunt. Le carte di Bettino Ricasoli nella Biblioteca Riccardiana*. Prefazione di F. Sisinni, Firenze, L. S. Olschki Editore 1981; Ministero per i Beni Culturali e Ambientali, Biblioteca Riccardiana, Istituto di Storia dell'Architettura e Restauro dell'Università di Firenze, *Un episodio del Seicento fiorentino. L'architetto Matteo Nigetti e la cappella Colloreda*, Firenze, Centro Di 1981. Per i cataloghi delle mostre successive cfr. note 1 e 11.

[13] Non figura, ad esempio, nell'IGI come appartenente alla Moreniana l'incunabulo SAVONAROLA G., *Trattato circa il reggimento della città di Firenze*, Bartolommeo de' Libri, non prima del gennaio 1498 (scheda n. 21), di cui la Moreniana possiede due esemplari (26.3 = inc. 37, mutilo e C.7.36 = inc. 48).

Ricordiamo qui che delle *Lettioni d'Academici Fiorentini sopra Dante* (scheda n. 43) è esposto un esemplare appartenente alla Biblioteca Nazionale Centrale di Firenze (Banco Rari 360) ignoto alla Ricottini Marsili-Libelli, che registra come posseduti dalla Nazionale fiorentina solo due esemplari (*Anton Francesco Doni scrittore e stampatore*. Firenze, Sansoni Antiquariato 1960, p. 356). A questi bisogna ora aggiungere il Banco Rari 360 e il Palatino 12.B.A.2.2.36.

[14] La seguente splendida pagina di R. Ridolfi ci dice il suo sentimento del libro e facendo intravedere il progressivo allargarsi e approfondirsi dei suoi interessi di lettore e di studioso, ne rivela la vigile perpetua attesa della voce arcana della poesia:

« Non ho mai trovato il tempo, né sentito il bisogno di catalogare i miei libri; neppure quando sono cominciati ad essere molti, neppure quando sono divenuti moltissimi. Non ho mai dato a nessuno di essi un numero, una se-

Riccardiana, che già in talune precedenti manifestazioni si è configurata come biblioteca di cultura e di storia fiorentina e toscana. In edizioni prestigiose si susseguono davanti ai nostri occhi Dante, Boccaccio, Luigi Pulci, Machiavelli, il Burchiello, il Savonarola, S. Antonino, Angelo da Vallombrosa, Antonio Dolciati, il Giambullari, l'Alberti. E si susseguono anche taluni sfuggenti tipografi operanti a Firenze, alla cui attività il marchese Ridolfi ha mirabilmente dato connotazioni nuove o più esatte.

La splendida *editio princeps* di Omero nel testo greco è attribuita dal Ridolfi all'« unica tipografia aperta e funzionante a Firenze per il mecenatismo di una nobile, ricchissima famiglia, quella dei Nerli » (scheda n. 11).

A uno sconosciuto tipografo che lavorava a Firenze si deve la prima edizione della *Mandragola* (scheda n. 35). Si è tentato di identificarlo, ma rimane ancora nell'ombra il tipografo delle

---

gnatura. Il mio catalogo è la memoria ... Il male è cominciato da un po' di tempo a questa parte, dopo che, per un maggiore ordine, ho voluto mutar posto a molti volumi, raggruppandoli secondo le materie: da allora non mi ritrovo più così bene come una volta, mi arrabatto e mi arrabbio; al primo colpo trovo solamente quelli rimasti dove li ho messi tanti e tanti anni or sono.

Eppoi sarebbe bello, non solamente per me ma per ogni uomo che ami la carta stampata quanto l'amo io, se, palchetto dopo palchetto, scaffale dopo scaffale, si lasciassero i libri nell'ordine che hanno avuto nella nostra vita: i libri della fanciullezza e dell'adolescenza, della giovinezza, della maturità, fino a questi ultimi della vecchiaia; uno accanto all'altro, uno dopo l'altro. La nostra vita ci apparirebbe riflessa negli scaffali: gli anni felici e gli anni infelici, le strettezze e l'agiatezza, il lavoro e gli ozi, l'indebolimento senile e la finale stanchezza; una autobiografia biblioteconomica, anche se non c'è da sperare di vederla considerata nei trattati di biblioteconomia.

Io ho cominciato coi libri dei poeti, e fra essi metto le lettere del Machiavelli: uno dei miei primissimi libri. Né vi sia chi si scandalizzi perché lo metto fra i libri di poesia: i confini della poesia non coincidono per me in ogni parte con quelli segnati nelle storie letterarie. Dunque, per me vennero prima i poeti; e perfino nei libri del Salgari cercavo quel tenue filo di poesia che in essi è: ce lo trovavo anche nel ritmo di qualche periodo, che scandivo a voce alta se nella stanza non c'era nessuno. Poi vennero le biografie antiche (le moderne mi piacevano meno), poi i libri di storia, poi quelli di erudizione, sempre più numerosi, sempre più aridi. Ma mai hanno potuto sopraffare quei primi. E ora che sono vecchio, tornano i poeti; e vincono. Il cerchio si chiude. Voglia il cielo che sia un poeta quello che, l'ultima sera, dopo essermelo portato a casa gioiosamente e palpato e goduto, metterò nel mio ultimo scaffale: il mio ultimo libro » (*Le cantafavole* cit., pp. 124-126).

*Omelie* di S. Gregorio Magno, l'unico libro conosciuto stampato a Firenze nel 1502 (scheda n. 24).

All'elenco dei tipografi di Firenze si aggiunge ora un nuovo stampatore, il reggiano Girolamo Ruggeri: ne ha dato notizia Dennis E. Rhodes nella rivista dei bibliofili diretta da Roberto Ridolfi (scheda n. 28). E poiché questi libri sono tutti conservati in biblioteche fiorentine [15] testimoniano anche la vigile attenzione dei nostri bibliofili che in passato li hanno acquistati, custoditi e consegnati alle nuove generazioni. E nello stesso tempo documentano i gusti e le predilezioni culturali di chi li acquistò.

A questo punto si presenta alla mente la figura del suddecano Gabriello Riccardi, che nel corso della sua lunga vita (1706-1798) arricchì notevolmente il patrimonio di manoscritti e libri della Riccardiana. L'amor di libro si era rivelato fin dall'adolescenza di Gabriello, che presto cominciò a formarsi una sua libreria personale accanto alla grande libreria di famiglia. A 24 anni tornava da un soggiorno romano, come ricorda il suo bibliotecario Francesco Fontani, « ricco per l'acquisto d'assai vari manoscritti, di pregiate edizioni del secolo XV, e di antiche stampe de' primi e più stimati maestri, ragguardevoli primizie di quelle preziose raccolte ch'e' potè formarne di poi ».[16]

Lorenzo Mehus negli « Appunti sull'origine di varie librerie fiorentine » (ms. Ricc. 3885, c. 47*v*) attesta che le edizioni del secolo XV possedute da Gabriello « son circa a trecento ». Di esse segnala venerandi cimeli tra i quali il « Santo Agostino de Civitate Dei impresso a Roma nel 1468 » [Ed. Rare 12], aggiungendo: « vi son pure le prime edizioni greche fatte a Firenze ed a Venezia, come Omero di Firenze dell'anno 1488 [Ed. Rare 31-32], Luciano impresso in membrana nell'istessa città l'an. 1497 » [Ed. Rare 33] ecc.[17] Apparteneva dunque a

---

[15] Come risulta dall'IGI, esemplari di alcuni degli incunaboli esposti in questa mostra si trovano, oltre che nelle biblioteche statali, anche in altri istituti culturali fiorentini.

[16] M. J. MINICUCCI, *Ville palazzi biblioteche dei Riccardi* cit., pp. 65-73.

[17] Cfr. *I Riccardi a Firenze e in villa...* cit., p. 173. Il Luciano non è in « membrana » ma in carta.

Gabriello la bellissima *editio princeps* riccardiana di Omero (scheda n. 11).[18]

A un altro collezionista fiorentino, l'architetto Giuseppe Del Rosso, che nel secondo Settecento visse e operò nella Firenze di Gabriello Riccardi e che alla Riccardiana, divenuta biblioteca granducale, legò nel 1829 le pregevoli raccolte miscellanee d'architettura e di antiquaria della sua « libreriola », appartenne l'esemplare esposto del *Gello* di Pier Francesco Giambullari (scheda n. 41).[19]

Ma il cimelio riccardiano che esercita più forte suggestione è l'unico incunabulo di Euripide contenente la *Medea*, l'*Ippolito*, l'*Alcesti* e l'*Andromaca* (scheda n. 17), che ci riporta al raccoglitore del primo nucleo di manoscritti e libri della futura Biblioteca Riccardiana. Di mano del mercante umanista Riccardo Riccardi (1558-1612), che fu « molto celebre nella lingua greca e latina », sono infatti le postille che si leggono nelle prime tre pagine della *Medea*.[20]

I due incunabuli moreniani esposti recano gli *ex libris* dei loro ultimi possessori dalle cui mani sono passati alla biblio-

---

[18] Nella I carta del 2° volume si legge, non di mano del Salvini, « Traduzione italiana dell'Odissea d'Omero fatta dall'Ill.mo Sig.r D.re Ant.o M.a Salvini. Lib. I ». Segue nei margini destro e inferiore delle prime sei carte la traduzione del libro 1. La traduzione del libro 22 è scritta nelle carte contenenti il corrispondente testo greco.

Segnaliamo qui che l'esemplare riccardiano segnato Stamp. 3683 e 3684 contenente nel 1° vol. l'*Odissea*, la *Batracomiomachia* e gli *Inni* d'Omero e nel 2° vol. l'*Iliade* nella traduzione « in versi sciolti » di A. M. Salvini (In Firenze, per Gio. Gaetano Tartini e Santi Franchi 1723) reca nei due volumi l'ex libris di G. Riccardi: « Ex libris March. Abb. Gabrielis Riccardi ».

Del Salvini sono le postille dell'inc. Antoninus S. *Confessionale*: *Curam illius habe* recante la data 10 luglio 1481 (scheda n. 5).

Sulla parte della biblioteca del Salvini acquistata da G. Riccardi cfr. *I Riccardi a Firenze e in villa* ... cit., pp. 185-186.

[19] A queste raccolte è stata dedicata nella Biblioteca Riccardiana la mostra ricordata nella nota 11.

[20] M. J. Minicucci, *Ville palazzi biblioteche dei Riccardi* ... cit., p. 113. Nell'« Indice de libri nella libreria del Orto de SSri Riccardi fino agl di 15 Nov.e 1632 » da me rinvenuto e pubblicato (cfr. *ibid.*, pp. 114-118) è registrata l'opera « Euripidis Tragoediae, 8° », collocata nel 12° scaffale. Cfr. anche M. J. Minicucci, *Amor di libro e mondanità nel palazzo dei Riccardi*, Firenze, L. S. Olschki Editore 1978, p. 7 sg. e nota 6. Ringrazio i professori E. Casamassima e L. Mosiici per l'aiuto dato nell'identificazione dell'autore delle postille.

teca dell'Amministrazione provinciale fiorentina. Il perito bibliografo e benemerito bibliofilo Pietro Bigazzi spese tutti i suoi risparmi per acquistare libri e manoscritti. Di questa sua passione dà sincera testimonianza l'elegante latino del suo *ex libris* (scheda n. 9):

> Quicquid pecuniolae seponere parca frugalitas potuit
> in his coemendis absumpsi.

I manoscritti da lui raccolti costituiscono oggi i primi due pregevolissimi fondi della Biblioteca Moreniana, i fondi Moreni e Bigazzi.[21]

Nell'incunabulo moreniano n. 48 (scheda n. 21) l'*ex libris* « Avv. Emilio Frullani donò alla Biblioteca Moreniana l'anno 1879 » serba ricordo della liberalità del letterato e poeta che lasciò in legato alla Moreniana, perché fosse destinata « ad uso ed utile pubblico », la sua notevolissima raccolta di 40 codici, 2.000 autografi, 200 opere a stampa tra le quali molti incunabuli.[22]

I codici e gli autografi costituiscono il fondo che porta oggi il nome del Frullani. Gli incunabuli sono collocati nella sezione degli incunabuli moreniani, le opere a stampa tra gli stampati moreniani.

Un vivo ringraziamento ad Alessandro Olschki e a Dennis E. Rhodes che hanno accolto entrambi con pronta adesione la mia idea di onorare con questa mostra il grande Maestro fiorentino. Antichi amici legati da ricordi antichi e da antica comunanza di interessi e di studi. Ammiratori devoti di Roberto Ridolfi e in vario modo suoi discepoli, a lui vicini quando portava avanti le sue iniziative nella Biblioteca Nazionale fiorentina.

---

[21] Su P. Bigazzi cfr. M. J. MINICUCCI, *La Biblioteca Moreniana*, in *Itinerari Moreniani in Toscana* cit., pp. 11-14, passim; *Una biblioteca all'incanto* cit., pp. 4-5.

[22] Il testamento di E. Frullani è stato pubblicato dal consigliere dell'Amministrazione provinciale fiorentina A. LINAKER, *Notizie storiche sulla Biblioteca Moreniana*, Firenze, Tipografia Galletti e Cocci 1903, pp. 8-10. L'inventario manoscritto di tutta la raccolta, compilato da G. E. Saltini e C. Guasti, si conserva nella Biblioteca Moreniana.

Con il giovane Alessandro conobbi allora Aldo Olschki, nobile generosa figura di editore moderno e profondo conoscitore del libro antico e della sua storia. Colpiva la consonanza degli interessi intellettuali nel padre e nel figlio, amatori dell'arte impressoria e cultori della scienza del libro.

Già allora il giovane studioso inglese avidamente ricercava e studiava edizioni del '400 e del '500 e le maneggiava con sicurezza. A Dennis E. Rhodes, che in questi studi è oggi una autorità internazionale, si deve il Catalogo di questa mostra che è stato stampato con particolare, affettuosa cura da Alessandro Olschki.

Concludendo queste brevi notazioni ringrazio vivamente il professor Francesco Sisinni, Direttore Generale dell'Ufficio Centrale per i Beni Librari e gli Istituti Culturali del Ministero per i Beni Culturali e Ambientali, che ha voluto scrivere la Presentazione e ha permesso la realizzazione della mostra e la pubblicazione del Catalogo.

Maria Jole Minicucci

Ispettore Centrale del Ministero per i
Beni Culturali e Ambientali

Si ringraziano per la collaborazione: Carla Guiducci Bonanni, Direttrice della Biblioteca Riccardiana, il personale della Biblioteca Riccardiana, particolarmente l'aiutobibliotecaria principale Giuliana Stoppini Alessandri e l'aiutobibliotecaria Anna Corsi Adoni e il personale della Biblioteca Moreniana.

Per il prestito delle opere si ringraziano Anna Lenzuni, Direttrice della Biblioteca Nazionale Centrale di Firenze e Clementina Rotondi, Direttrice della Biblioteca Marucelliana.

# CATALOGO

Nessuno sa quanti incunaboli sono usciti dalle 150 e più tipografie di Venezia fra il 1469 e il 1500: forse quattro mila? E neanche per Roma esiste una statistica esatta: mille e cinquecento incunaboli, due mila? Ultimamente, Teresa Rogledi Manni ci ha dato un elenco di 1121 incunaboli milanesi, mentre nel 1958 Curt. F. Bühler aveva pubblicato un catalogo degli incunaboli bolognesi che assommano a 520, comprese parecchie edizioni di dubbia autenticità.[1]

Firenze, secondo le mie ricerche incompiute, deve occupare il quarto posto fra le città italiane per la sua produzione di incunaboli. Il catalogo che ho in preparazione è arrivato nel 1983 ad un totale di quasi 780 edizioni: e chissà quante edizioni fiorentine sconosciute al pubblico possono giacere nascoste nelle filze inedite del Gesamtkatalog der Wiegendrucke a Berlino? Io ho già dovuto scacciare dal Quattrocento nel Cinquecento una quarantina di edizioni fiorentine: altre seguiranno.

Sia detto subito, una volta per sempre, che Firenze è di gran lunga la più complicata, la più difficile, fra tutte le città d'Italia per chi si vuole occupare degli annali tipografici dal principio della stampa (1471 nel caso di Firenze) a, diciamo, tutto l'anno 1550. Centinaia di edizioni fiorentine stampate senza data non si possono datare con certezza; altrettante sono quelle che non portano il nome del tipografo, che spesso rimane inidentificabile. E i tipografi di Firenze erano molto conservatori nell'uso del

---

[1] T. ROGLEDI MANNI, *La tipografia a Milano nel XV secolo*, Firenze, Olschki 1980; C. F. BÜHLER, *The University and the Press in fifteenth-century Bologna*, Mediaeval Institute, University of Notre Dame, Notre Dame, Indiana, U.S.A. 1958.

materiale. Tantissimi, quindi, i libri stampati a Firenze che potrebbero essere degli ultimi anni del Quattrocento o del primo ventennio (trentennio?) del Cinquecento. Fra questi, molti libri già studiati da Roberto Ridolfi (il più grande di tutti i bibliografi fiorentini), da me, e da altri studiosi della storia della stampa a Firenze, senza giungere ad una conclusione esatta riguardo alla loro data o al loro tipografo. Poi i documenti dell'Archivio di Stato non hanno ancora fornito i dati precisi che possano colmare le tante lacune della nostra conoscenza della stampa a Firenze fra gli anni critici 1490 e 1530. Le ricerche continuano, magari con lento successo, e devono continuare per sempre. Un po' alla volta si scioglie qualche piccolo problema.

Impossibile dire quindi se più o meno di 800 incunaboli fiorentini sono arrivati fino ai nostri giorni, per non parlare di quelli scomparsi di vista.

In una piccola mostra come la presente, la scelta è stata naturalmente molto difficile. Ho cercato di presentare al pubblico degli esempi delle più famose manifestazioni del libro fiorentino del Rinascimento: per esempio, il primo libro stampato a Firenze nel 1471 (scheda 1), il Dante con le illustrazioni nonfinite (scheda 6), l'*editio princeps* di Omero (scheda 11), la prima edizione delle opere di Platone in latino, a cura di Marsilio Ficino (scheda 8), le opere stampate in greco (scheda 17), le bellissime xilografie, per la qualità delle quali Firenze primeggia in tutta l'Europa (schede 15, 22, 27), e la rarissima prima edizione della Mandragola di Machiavelli (scheda 35), di cui ignoreremo per sempre l'identità del tipografo.

Ma oltre questi famosi cimeli della storia della stampa fiorentina, ho voluto anche esporre qualche libro del Cinquecento che non è fra i più belli, ma che ci offre degli esempi dell'artigianato del piccolo tipografo, dell'uomo umile e di scarsi mezzi, spesso anche anonimo. C'è il ' nuovo ' tipografo trovato da me solo due anni fa (Girolamo Ruggeri, 1505, scheda 28); ci sono anche gli stampatori che hanno trovato poco e non durevole successo a Firenze (schede 32, 37, 39), e lo strano fenomeno dello pseudonimo ' Neri Dortelata ' (scheda 39).

Insomma, il mini-panorama della stampa a Firenze che questa mostra può offrire, basterà per convincere tutti i visitatori che resta ancora molto da fare, molto da scoprire, su questo

22

campo di studi, affascinante ma assai difficile. La produzione libraria di Venezia nello stesso periodo fu forse quattro volte più grande di quella fiorentina, ma è meno carica di problemi.

È il libro fiorentino dei secoli XV e XVI che pone al bibliografo e al ricercatore, italiano o straniero, la sfida più seria di tutta l'Italia di quegli anni incredibili del Rinascimento. Andiamo avanti col motto del primo tipografo di Firenze, Bernardo Cennini (scheda 1): « Florentinis ingeniis nihil ardui est ».

Non potrei concludere questa mia breve introduzione al catalogo della mostra, la compilazione del quale mi ha fatto tanto piacere, senza offrire alla collega ed amica Maria Jole Minicucci il mio più sentito ringraziamento. È stata lei che ha avuto, per prima, l'idea di questa mostra del libro antico fiorentino, ma perché mai l'ha voluto affidare ad un inglese io non lo capisco e non lo capirò. Voglio sperare soltanto che la collaborazione anglo-italiana che questa mostra ha sottolineato continui per molti anni ancora.

Apprezzerò sempre l'entusiasmo e il valido aiuto di Maria Jole Minicucci e dei suoi colleghi della Biblioteca Riccardiana, e porterò via da Firenze un bellissimo ricordo delle ore trascorse insieme nell'allestimento della mostra.

D. E. Rhodes

Londra-Firenze, Ottobre 1983

# REPERTORI CITATI

ADAMS = H. M. ADAMS, *Catalogue of books printed on the Continent of Europe, 1501-1600, in Cambridge Libraries*, 2 voll., Cambridge U. P. 1967.

BMC vi = *Catalogue of books printed in the XVth century now in the British Museum*. Part VI - Foligno, Ferrara, Florence, etc., London 1930.

BANDINI = A. M. BANDINI, *De Florentina Juntarum typographia, etc.*, 2 pt., Lucae 1791.

DBI = *Dizionario biografico degli Italiani.*

GW = *Gesamtkatalog der Wiegendrucke*, Leipzig 1925-40; Berlin, Stuttgart 1972.

GOFF = FREDERICK R. GOFF, *Incunabula in American Libraries. Third census*, New York 1964.

HAIN-COPINGER-REICHLING = LUDWIG HAIN, *Repertorium bibliographicum ... usque ad annum MD*, 2 voll., Stuttgart & Paris 1826-38.

— W. A. COPINGER, *Supplement to Hain's Repertorium ...*, 2 voll. & addenda, London 1898, 1902.

— D. REICHLING, *Appendices ad Hainii-Copingeri Repertorium ...*, 6 voll & index, Monachii 1905-11.

IGI = *Indice Generale degli Incunaboli delle Biblioteche d'Italia*, 6 voll., Roma 1943-81.

KRISTELLER = PAUL KRISTELLER, *Early Florentine Woodcuts*, London 1897 (Ristampa anastatica, London 1982).

MORTIMER = RUTH MORTIMER, Harvard College Library. Department of Printing and Graphic Arts. *Catalogue of books and manuscripts. Part II: Italian 16th century books*, 2 voll., Cambridge Mass. 1974.

PELLECHET - POLAIN = MARIE PELLECHET, *Catalogue général des incunables des bibliothèques publiques de France*, voll. 1-3 (Continuazione dopo la morte della Pellechet a cura di Louis Polain), Paris 1897-1909.

RIDOLFI = ROBERTO RIDOLFI, *La stampa in Firenze nel secolo XV*, Firenze, Olschki 1958.

SANDER = MAX SANDER, *Le livre à figures italien depuis 1467 jusqu'à 1530*, 6 voll., Milan, Hoepli 1942 (Supplemento a cura di C. E. Rava, 1969).

## NOTA SUI CARATTERI

I caratteri (soprattutto per gli incunabuli) sono sempre citati secondo le classificazioni del BMC. Così un 97 R³ significa un carattere romano che misura 97 mm. per venti righe, nel terzo stato del carattere. Spesso si possono distinguere i vari stati dello stesso carattere, che si cambiano ogni tanto in vari particolari, e che così ci aiutano a datare le edizioni stampate senza data.

## ABBREVIAZIONI

BMF      = Biblioteca Marucelliana di Firenze
BMor. F = Biblioteca Moreniana di Firenze
BNCF    = Biblioteca Nazionale Centrale di Firenze
BRF      = Biblioteca Riccardiana di Firenze

## 1471-72

**1 - Servius Maurus Honoratus**, *Commentarii in Virgili opera*.

Bernardo & Domenico Cennini, 7 novembre 1471; 9 gennaio 1471-72; 7 ottobre 1472.

In folio. 238 carte, l'ultima bianca.
Car.: 120 R.

Primo libro stampato a Firenze, e l'unico libro stampato dal famoso orefice Bernardo Cennini (2 gennaio 1415-1498?), aiutato dal figlio Domenico, e con la collaborazione editoriale di un altro figlio Pietro. Si dice che il Cennini, studiando i libri stampati dai tedeschi, imparò ad incidere e fondere i caratteri da se. Forse incideva anche per conto di altri. Firenze è l'unica fra le grandi città d'Italia dove il prototipografo era nativo della stessa città. La prima edizione di questo testo è quella stampata da Cristoforo Valdarfer a Venezia nel 1471. Forse questo è il modello usato dal Cennini per il testo, ma non per i caratteri, che presso il Valdarfer misurano 110 R. (La musica è sempre per venti righe, espressa in millimetri. R. = romano, G. = gotico).

Cennini conclude l'edizione vantandosi « Florentinis ingeniis nihil ardui est ». Per il resto del lavoro di Cennini, bisogna studiare, nel Museo dell'Opera del Duomo, l'altare proveniente dal Battistero. Sarà l'unica volta nella storia del libro italiano che possiamo vedere opera d'arte e libro stampato, produzione dello stesso uomo.

BNCF, Banco Rari 15

Goff S 481. IGI 8945. BMC vi, 617.

*Cinque secoli del libro italiano. Mostra storica ...* Roma, 1965, no. 125; B. Santi, *Bernardo Cennini*, DBI 23 (1979), pp. 563-565.

## 2 - GIOVANNI BOCCACCIO, *Il Filocolo.*

Johann Petri, 12 novembre 1472.

In folio. 269 carte.
Car.: 114 R.

Prima edizione di un'opera del Boccaccio stampata a Firenze, e primo libro stampato a Firenze dal tedesco Johann Petri da Magonza.

Il Petri lavorava in parte da solo dal 1472 al 1498, e in parte con Lorenzo de' Morgiani dal 1490 al 1498, ma esiste un lungo intervallo, dal 1473 al 1490, quando non abbiamo alcun suo libro. Una sua edizione dei *Trionfi* del Petrarca è attribuita all'anno 1473. Ma cfr. *Studi offerti a Roberto Ridolfi* (1973) p. 59: «Gli inizi dell'attività tipografica di Giovanni di Pietro devono essere anticipati dal 1472 al 1471. La ripresa della sua stamperia (in associazione con Lorenzo Morgiani) deve essere anticipata dal 1490 al 1489».

BNCF, A.1.18

GOFF B 739. IGI 1784. BMC vi, 618. GW 4462.

R. RIDOLFI, *La stampa in Firenze* ..., pp. 46-48.

## [c. 1472]

## 3 - GREGORIO DATI, *La sfera.*

[Johann Petri, c. 1472].

In folio. 24 carte.
Car.: 114 R.

Prima edizione di quest'opera della quale si conoscono 17 edizioni del secolo XV, e, di queste, otto sono stampate a Firenze. Attribuito a Gregorio Dati (1362-1435), è in realtà di Leonardo Dati, Generale dei Domenicani, e nipote di Gregorio, come attestano i codici più attendibili.

Di questa rarissima edizione si conoscono in Italia solo gli esemplari della Biblioteca Nazionale di Firenze e della Comunale di Novara. Fuori d'Italia si conosce solo quello della Bibl. Nazionale di Vienna d'Austria. Se tre esemplari sono sopravvissuti al passaggio del tempo, forse vuol dire che non più di due o trecento copie furono stampate nella prima tiratura.

BNCF, E.6.1.36

IGI 3319. GW 8015.

1478

4 - FRANCESCO PETRARCA, *Vite dei Pontefici e Imperatori Romani.*

S. Jacopo a Ripoli, 1478/79.

In folio. 104 carte, l'ultima bianca.
Car.: 105 R.

Non è certo che il Petrarca fu l'autore di questo libro; è considerato fra le opere di dubbia autenticità. È l'unica edizione quattrocentesca.

La Stamperia ' apud Sanctum Jacobum de Ripoli ' lavorava dal 1476 al 1484. Il Convento Domenicano si trovava in Via della Scala. Il procuratore conventuale Fra Domenico da Pistoia presiedeva alla stamperia, aiutato dal confessore Fra Piero da Pisa. Si dice che anche le suore lavoravano come compositrici. Una settantina di edizioni uscirono dalla tipografia, molte delle quali non esistono più, ma sappiamo quali erano, grazie al *Diario* della stamperia, scritto in gran parte da Fra Domenico, e pubblicato a cura di Emilia Nesi nel 1903.

Fra Domenico da Pistoia morì fra il maggio e l'agosto del 1484, quando la stamperia cessò la sua attività; ma Lorenzo De Alopa, che completò l'edizione delle opere di Platone nel 1485 (q.v. sotto, no. 8), aveva lavorato in parte presso questa tipografia conventuale.

BRF, Ed. Rare 133

GOFF P 420. IGI 7563. BMC vi, 623.

## 5 - S. Antonino, Arcivescovo di Firenze, *Confessionale: Curam illius habe.*

Francesco di Dino, 10 luglio 1481.

In quarto. 140 carte.
Car.: 115 R.

Francesco di Dino, nativo di Firenze, aveva stampato per un breve periodo a Napoli, dove il più celebre libro della sua produzione era il *Theoricum, opus musice discipline* di Franchinus Gaforus del 1480. Poi tornò a Firenze per stampare, dal 1481 al 1497, forse meno di venti libri. La sua stamperia si trovava vicino al Convento di Ripoli, ed è possibile che i conventuali lo aiutassero nella pubblicazione (7 febbraio 1482/3) del *Morgante* di Luigi Pulci, dato che sappiamo che a Ripoli si riceveva pagamento il luglio 1481 e il febbraio 1481-2 ' per parte dello aiutarci comporre il Morgante '.

L'Antonino è il primo libro stampato da Francesco di Dino dopo il ritorno da Napoli.

BRF, Ed. Rare 177

IGI 614. BMC vi, 633. GW 2078.

R. Ridolfi, *La stampa a Firenze* ..., p. 20 e p. 134.

## 6 - Dante Alighieri, *La Divina Commedia.*

Nicolaus Laurentii Alemannus, 30 agosto 1481.

In folio. 372 carte, di cui sei bianche.

Edizione famosa per la serie di incisioni di Baccio Baldini copiate dagli schizzi fatti dal Botticelli per un codice di Dante forse commissionato da Lorenzo il Magnifico.

Soltanto diciannove incisioni furono eseguite, e di queste solo una o due stampate insieme al testo. Le altre furono stampate separatamente e poi incollate.

Niccolò Tedesco (Nicolaus Laurentii Alemannus) stampò una ventina di libri a Firenze fra il 1475 e il 1486, fra cui il *Monte sancto di Dio* di Antonio Bettini del 1477, con le incisioni di cui il Mse. Ridolfi ha detto ' furono le prime vere e proprie illustrazioni in rame della storia del libro'. Oltre alla *Divina Commedia* del 1481, Niccolò stampò la famosa *Geografia* del Berlinghieri del 1482.

Questa edizione di Dante contiene per la prima volta il commento di Cristoforo Landino (c. 1424 - c. 1504).

BRF, Ed. Rare 691

GOFF D 29. IGI 360. BMC vi, 628. GW 7966.

R. RIDOLFI, *Contributi sopra Niccolò Tedesco*, in: *La stampa a Firenze nel secolo XV*, pp. 49-62; R. RIDOLFI, *Le ultime imprese tipografiche di Niccolò Tedesco*, Firenze, Olschki [1965], 15 pp. (anche in « La Bibliofilia »). *Cinque secoli del libro italiano. Mostra storica ...* Roma, 1965, no. 7.

## 1482

## 7 - FRANCESCO BERLINGHIERI, *Geografia*.

[Nicolaus Laurentii Alemannus, prima del settembre 1482].

In folio. 188 carte, di cui quattro bianche, più 31 fogli doppi, piegati.

È l'adattamento in terza rima della Geografia di Tolomeo, con aggiunte di Marsilio Ficino. 'Francesco Berlinghieri [17 settembre 1440 - 17 febbraio 1500] familiare dei Medici, forse addirittura educatore dei figli di Lorenzo il Magnifico; filosofo, scrittore, poeta, tutto men che geografo come una volta fu creduto'. (B. Maracchi Biagiarelli).

Esiste in due varianti: nella seconda è aggiunto, forse nel Cinquecento, un foglio che contiene il registro e il colophon; in qualche esemplare anche un frontespizio stampato in rosso.

Berlinghieri dedica l'opera a Federigo Montefeltro, Duca d'Urbino, che morì il 10 settembre 1482.

BRF, Ed. Rare 624

GOFF B 342. IGI 1492. BMC vi, 629. GW 3870.

BERTA MARACCHI BIAGIARELLI, *Niccolò Tedesco e le carte della Geografia di Francesco Berlinghieri autore-editore*, in: *Studi offerti a Roberto Ridolfi*, Firenze, Olschki, 1973, pp. 377-397; A. CODAZZI, *Francesco Berlinghieri*, DBI 9 (1967), pp. 121-124.
(Facsimile) FRANCESCO BERLINGHIERI, *Geographia*, Florence 1482. With an introduction by R. A. Skelton. Amsterdam, Theatrum Orbis Terrarum, 1966.

## 1484-85
### [maggio 1484; prima dell'aprile 1485]

8 - PLATO, *Opera*. (Traduzione latina di Marsilio Ficino).

Laurentius de Alopa, Venetus [1484-5].

In folio. 562 carte, di cui 5 bianche.

*Editio princeps* delle opere di Platone in latino: le opere in greco non furono stampate che da Aldo Manuzio a Venezia nel 1513.

Marsilio Ficino (1433-1499) iniziò la sua traduzione di Platone sotto Cosimo dei Medici (1381-1464) e la completò per Lorenzo il Magnifico (1448-1492).

Per il tipografo Lorenzo de Alopa, vedi sotto Euripide (no. 17).

Il diario della Stamperia di Ripoli dimostra che il 25 gennaio 1483/4 Fra Domenico da Pistoia e Lorenzo de Alopa fecero un contratto 'a imprimere più dialoghi di Platone da franciescho di nicholo berlinghieri et filippo di bartol. valori'. Il 29 maggio, il Valori aveva ricevuto parte del libro; ma poi, dopo la morte di Fra Domenico, Lorenzo de Alopa da solo doveva completare l'edizione, che fu in vendita al principio di aprile 1485.

BMF, R.e.44

GOFF P 771. IGI 7860. BMC vi, 666.


## 1486

9 - USUARDUS, Monachus Sangermanicus, *Martyrologium secundum auctoritatem Sancti Hieronymi.*

Francesco Bonaccorsi, 6 novembre 1486.

In quarto. 160 carte.
Car.: 112 R.; 79 R.

Edito a cura di Giorgio Antonio Vespucci, zio dell'esploratore Amerigo, che donò la sua biblioteca al Convento di S. Marco nel 1499.

Francesco Bonaccorsi stampò da solo a Firenze dal 1485 al 1497, e in compagnia ad Antonio di Francesco, Veneto, dal 1488 al 1489.

## DE ADVERBIIS.

IN OMNIBVS aduerbiis breuiatur L ut femel.R ut pariter.M ut tam
N uero excepto non & en/ubiq; breuiatur:ut forfitan forfan.E du; finiuntur ad/
uerbia:illa producuntur quæ ex nomine ueniunt:& comparationis gradus referuat
omnino:ut docte doctius doctiffime . Quæ autem a fe nafcuntur:ut fæpe: aut non
comparantur ut rite: Aut in comparatione deficiunt:ut bene male : breuiantur.
I femper finita præter quafi & ibi & ubi ,pducuntur:ut heri. O ficut in omnibus
partibus orationis indifferenter ponitur ut falfo.S fi ante fe a habuerit ,pducitur
ut alias cras:aliter breuiatur ut magis.Producuntur autem A ut una. V ut noctu.
C ut illuc. Aduerbia autem monofyllaba funt producenda ut huc:uel quæ ex his
fiunt ut illuc exceptis bis & ter .

## DE CONIVNCTIONIBVS

OMNES fere coniunctiones corripiuntur.Sed quæ A aut I terminantur:pro/
ducuntur:excepto ita itaq; & nifi & quia.Item quæ in N definunt:fi ante fe I ha/
buerint:producuntur.ut fin alioquin an.

## DE PRAEPOSITIONIBVS

ACCVSATIVAE præpofitiones abfq; iis quæ in A exeut:ut citra cotra
ultra & uno monofyllabo cis:breuiantur.ABLATIVAE uero illæ logæ funt
quæ aut uocalibus conftant ut A aut uocalibus terminantur ut e. VTRIVfq;
cafus præpofitiones omnes breues effe non dubiu eft. RE aute ubiq; breuiatur ut
remitto:excepto refert cu diftat fignificat:ut é illud:præterea nec iam mutari pa/
bula refert:& uno uerbo reiicio:ut reiice ne maculis ifufc& uellera pullis nafcetu.

## DE INTERIECTIONIBVS

OMNES iteriectiones fi monofyllabæ fuerint ,pducutur:ut heu.Cæteræ uero
exemplo fimilium partiu orationis exiftimandæ funt:ut pape ad mirantis. Hæc i
omnibus partibus orationis feruanda funt exceptis iis quæ aut pofitione aut diph
thongo longæ funt . FINIS . SIT LAVS DEO .


## AD LECTOREM.

BERNARDVS CENNINVS AVRIFEX OMNIum
Iudicio præftantiffimus:& Dominicus eius.F.optimæ indolis adolefcens iprefferut
PETRVS EIVSDEM BERNARDI.F.EMENDAVIT
CVM antiquiffimis autem multis exemplaribus contulit:In primifq; illi curæ
fuit:nequid alienu Seruio afcriberetur:neu quid recideretur aut deeff&:quod Ho
norati effe peruetufta exemplaria demonftrarent. Quonia uero plerofq; iuuat ma
nu propria fuoq; more græca interponere: eaq; i antiquis codicibus ppauca funt:
& accentus quidé difficillime imprimendo notari poffunt:relinquendum ad id fpa/
tia duxit.Sed cum apud homines perfectum nihil fit:fatis uideri cuiq; debebit:fi
hi libri(quod uehementer optamus)præ aliis emendati reperientur.

AB SOLVTVM OPVS NONIS OCTOBRIBVS.
.MCCCCLXXII . FLORENTIAE.

1. – Servius Maurus Honoratus, *Commentarii in Virgilii opera*. Bernardo &
Domenico Cennini, 7 novembre 1471; 9 gennaio 1471-1472; 7 ottobre 1472
(Firenze, Biblioteca Nazionale Centrale, Banco Rari 15).

CANTO PRIMO DELLA PRIMA CANTICA O VERO
COMEDIA DEL DIVINO POETA FIORENTINO
DANTHE ALEGHIERI : CAPITOLO PRIMO :

EL
ME
ZO
DEL
CA
MI
NO
DI
NO
ST
RA
VI
TA

h abbiamo narrato non folamente lauita del
poeta et eltitolo delibro et che cofa fia po
eta Ma etiam quáto fia uetufta et anticha quato
nobile e uaria quanto utile et iecenda tal doc
trina. Quanto fia efficace a mucuere ihumane
mēti; et quáto dilecti ogni liberale igegno. Ne
giudicammo da tacere quanto in fi diuina difci
plina fia ftata la excellentia dello igegno del
noftro poeta. Inche fifono ftato piu brieue che
forfe non fi conuerebbe; confideri chi legge che
lanumerofa e quafi infinita copia dellecofe del
le quali e necefario tractare mifforza non uolē
do chel uolume crefca fopra modo; a inculcare
et inuiluppare piutofto che explicare: et difte
dere moltecofe et maxime quelle lequah quádo
ben tacefi non pero ne reftera obfcura la expo
fitione del tefto. Verremo adunque aquella .
Ma perche ftimo non efer lectore alcuno ne di
fi bafo ingegno; ne di fi pocho giudicio; che ha
uendo intefo; quanto fia et laprefondita et ua
rieta della doctrina; et la excellentia et diuinita
dello ingegno delnoftro tofcano; et fiorentino
poeta; non fi perfuada che quefto principio
delprimo canto debba per fublimita et grande
za efer pari alla ftupenda doctrina delfechofe
che feguitano; pero con ogni induftria in uefti
gheremo che allegorico fenfo arechi feco que
fto mezo delcamino; et che cofa fia felua Diche
neggio non piccola differentia efere ftata tra
glinterpreti et expofitori diquefta cantica. Im
pero che alchuni dicono; che il mezo della uita
humana e el fonno mofti; credo dalla fententia
dariftotele dicendo lui nellethica nefuna diffe
rentia efere tra felici et mileri nella meta della
uita per che lenocti che fono lameta del tempo
cinducono fonno; et daquello nafce che ne bene
nemale fentir pofiamo. Iperche uogliono que
fti; che el poeta ponga el mezo della uita per la
nocte; et lanocte pelfonno; ad notare che quefto
poema non fia altro che una uifione che gliap
parue dormēdo per laquale hebbe cognitóe del
le cofe dallui defcripte i quefte tre comedie. Di
cono adūque che lui imita Ioanni euangelifta el

Mi ritrouai peruna felua obfcura
che la diricta uia era fmarrita
Et quanto aaire quale era e/ cofa dura
efta felua feluaggia et afpra et forte
che nel penfier rinuoua lapaura
Tanto e amara che pocho e piu morte
ma per tractar del ben chio ui trouai
diro dellaltre cofe chio uho fcorte
I non fo ben ridire chomie uentrai
tantera pien difonno infu quel puncto
che lauerace uia abbandonai
Ma poi chio fui appie dun colle giunto
la oue terminaua quella uaile
che mhauea dipaur el cor compuncto
Guardai inalto et uidi lefue fpalle
coperte gia deraggi delpianeta
che mena dricto altrui per ogni calle
Allhor fu lapaura un pocho queta
che nellago del chuor mera durata
lanocte chio pafai con tanta pieta

quale dormēdo fopra elpecto di chrifto redemptore hebbe uifione delle chofe celefte; oueramēte
ponghi lanocte dimoftrando lui hauere cominciato elfuo poema dinocte nella quale raccogliēdofi
lanimo infemedefimo et abfoluendofi et liberandofi da ogni cura meglio intenda. Ma benche tale
fententia quadri al poeta; nientedimeno leparole non la dimoftrono fenon cō tanto obfcura ambi
guita; che non pare degna della elegantia ditanto poeta Prima perche nonfeguita cile benche nelle
reuolutioni deltempo tanto fpatio occupi lenocti quanto e di; perquefto dicendo io fcripfi dinoc
te fintenda io fcripfi nel mezo della mia eta; perche et nel principio et nelfine della eta humana fo
no lenocti chome nel mezo et fimilmente e di. Il perche per lamedefima ragione fi potrebbe fare
tale interpretatione pel di chome per lanocte. Altridicono che uolle pelmezo del camino intende
re che nelmezo delle dette principio alfuo poema. Ma non e unamedefima opinione deltermine
della noftra eta; per che diuerfi fcriptori diuerfamente fentono. Ariftotile nel fuo de republica

6. – DANTE ALIGHIERI. *La Divina Commedia*. Nicolaus Laurentii Alemannus, 30 agosto 1481 (Firenze, Biblioteca Riccardiana, Ed. Rare 691).

Tractato belliſſimo delle piu marauiglioſe coſe τ piu
notabile che ſitruouino nelle parte delmondo ſcripte et
racolte dallo ſtrenuiſſimo Laualiere aſperondoʒo Gio
uanni Mandauilla Frāʒeſe che viſito quaſi tutte le par
ti del mondo habitabili ridocto in lingua Lhoſcana.

14. – Sir John Mandeville. *Itinerario*. Lorenzo Morgiani & Johann Petri, 7 giugno 1492
(Firenze, Biblioteca Nazionale Centrale, K.6.20).

C LIBRO DI GIVOCHO DI SCACCHI
intitolato de costumi deg'huomini & degli
offitii de nobili

15. – Jacobus de Cessolis. *Il giuoco degli scacchi*. Antonio Miscomini, 1 marzo 1493/1494
(Firenze, Biblioteca Nazionale Centrale, P.5.4).

ΕΥΡΙΠΙΔΟΥ ΜΗΔΕΙΑ

ΕΙΘ' ΩΦΕΛ' ΑΡΓΟΥΣ ΜΗ
ΔΙΑΠΤΑΣΘΑΙ ΣΚΑΦΟΣ
ΚΟΛΧΩΝ ΕΣ ΑΙΑΝ ΚΥΑ
ΝΕΑΣ ΣΥΜΠΛΗΓΑΔΑΣ.
ΜΗΔ' ΕΝ ΝΑΠΑΙΣΙ ΠΗΛΙΟΥ ΠΕΣΕΙΝ ΠΟΤΕ
ΤΜΗΘΕΙΣΑ ΠΕΥΚΗ. ΜΗΔ' ΕΡΕΤΜΩΣΑΙ ΧΕΡΑΣ
ΑΝΔΡΩΝ ΑΡΙΣΤΩΝ. ΟΙ ΤΟ ΠΑΓΧΡΥΣΟΝ ΔΕΡΑΣ
ΠΕΛΙΑΙ ΜΕΤΗΛΘΟΝ. ΟΥ ΓΑΡ ΑΝ ΔΕΣΠΟΙΝ' ΕΜΗ
ΜΗΔΕΙΑ ΠΥΡΓΟΥΣ ΓΗΣ ΕΠΛΕΥΣ' ΙΩΛΚΙΑΣ
ΕΡΩΤΙ ΘΥΜΟΝ ΕΚΠΛΑΓΕΙΣ' ΙΑΣΟΝΟΣ.
ΟΥΔ' ΑΝ ΚΤΑΝΕΙΝ ΠΕΙΣΑΣΑ ΠΕΛΙΑΔΑΣ ΚΟΡΑΣ
ΠΑΤΕΡΑ, ΚΑΤΩ, ΚΕΙ ΤΗΝΔΕ ΓΗΝ ΚΟΡΙΝΘΙΑΝ
ΣΥΝ ΑΝΔΡΙ ΚΑΙ ΤΕΚΝΟΙΣΙΝ. ΑΝΔΑΝΟΥΣΑ ΜΕΝ
ΦΥΓΗ ΠΟΛΙΤΩΝ ΩΝ ΑΦΙΚΕΤΟ ΧΘΟΝΑ.
ΑΥΤΗ ΤΕ ΠΑΝΤΑ ΣΥΜΦΕΡΟΥΣ' ΙΑΣΟΝΙ.
ΗΠΕΡ ΜΕΓΙΣΤΗ ΓΙΓΝΕΤΑΙ ΣΩΤΗΡΙΑ,
ΟΤΑΝ ΓΥΝΗ ΠΡΟΣ ΑΝΔΡΑ ΜΗ ΔΙΧΟΣΤΑΤΗ.
ΝΥΝ Δ' ΕΧΘΡΑ ΠΑΝΤΑ ΚΑΙ ΝΟΣΕΙ ΤΑ ΦΙΛΤΑΤΑ.
ΠΡΟΔΟΥΣ ΓΑΡ ΑΥΤΟΥ ΤΕΚΝΑ ΔΕΣΠΟΤΙΝ Τ' ΕΜΗΝ,
ΓΑΜΟΙΣ ΙΑΣΩΝ ΒΑΣΙΛΙΚΟΙΣ ΕΥΝΑΖΕΤΑΙ.
ΓΗΜΑΣ ΚΡΕΟΝΤΟΣ ΠΑΙΔΟΣ ΑΙΣΥΜΝΑ ΧΘΟΝΟΣ.
ΜΗΔΕΙΑ Δ' Η ΔΥΣΤΗΝΟΣ ΗΤΙΜΑΣΜΕΝΗ
ΒΟΑ ΜΕΝ ΟΡΚΟΥΣ ΑΝΑΚΑΛΕΙ ΔΕ ΔΕΞΙΑΣ.
ΠΙΣΤΙΝ ΜΕΓΙΣΤΗΝ. ΚΑΙ ΘΕΟΥΣ ΜΑΡΤΥΡΕΤΑΙ
ΟΙΑΣ ΑΜΟΙΒΗΣ ΕΞ ΙΑΣΟΝΟΣ ΚΥΡΕΙ.

17. – EURIPIDES. *Medea. Hippolytus. Alcestis. Andromache* [Laurentius de Alopa. Venetus, c. 1495] (Firenze, Biblioteca Riccardiana, Ed. Rare 480).

ro medesimi se non sono adiutati perle orationi della chiesa.
O, se tu sapessi quante aspre pene sono quelle del purgatorio
tu eleggeresti piu presto chel ti uenissi adosso tucte le guerre
carestie, & pestilentie di questa uita che stare in quelle pene dl
purgatorio. Horsu andiamo a lultima carta, & faremo fine.

18. – GIROLAMO SAVONAROLA. *Predica dell'arte del ben morire* [Bartolommeo de' Libri,
dopo il 2 novembre 1496] (Firenze, Biblioteca Riccardiana, Ed. Rare 218.3).

apoſtata & dicendo poi qlla oratione che dice O intemerata poi che
fu morto glinacque in bocca una roſa in teſtimonianza della ſua ſa
lute pglimeriti della uirgine Maria & di ſancto giouanni euange/
liſta a cui honore egli ladicea.         a car.        lxxiii

Duno monaco di ceſtella elquale uſcendo della ſua religione eſſendo
poi morto & menata lanima ſua dinanzi algiudice & uolendolo ſen
tentiare fra edannati fu liberato dalla beata & glorioſa uirgine Ma
ria.        a carte.        lxxiiii

Duno peccatore iſermo che eſſendo meſſo eſuoi peccati alla bilacia fu
ſocchorſo dalla beata & gPoſa vgine Maria madre di dio  a.lxxvi

Duno chorſale & grande rubbatore di mare elquale non faceua altro
bene ſe non che'ogni di diceua dua Aue Marie ad reuerentia del/
la uirgine Maria: & merito dallei eſſere ſchapato dalla fortuna del
mare & di morire confeſſato        a car.        lxxvii

Duna giouane uedoua laquale ſtando in oratione gliapparue Cieſu
chriſto figluolo di dio noſtro ſignore in forma duno fanciullo.
        a carte        lxxviii

Duno canonico infermo ad cui apparue labeata uirgine Maria & ſa/
nollo ſtiladogli i ſulle labra dellacte ſuo pretioſo  a car. lxxv iiii

Duno monaco alquale apparue la beata & glorioſa uirgine maria aco
pagnata in mezo de due ueſcoui        a car.        lxxx

Duno caualiere giouane che uene impouerta & poi p tota della bea/
ta & glorioſa uirgine Maria diuento ricco        a car.    lxxxi

## FINIS

Finiti limiracoli della noſtra donna tucti ſtoriati  Impreſſi in firen
ze Ad petitione di Ser Piero da Peſcia. Adi.xv.dgiugno.M.cccc.

22. – *Miracoli della gloriosa Vergine Maria*. 'Impressi in firenze Ad petitione di
Ser Piero da Pescia'. 15 giugno 1500 (Firenze, Biblioteca Nazionale Centrale, L.7.46).

C LA GIOSTRA DI LORENZO
DE MEDICI MESSA IN RI
MA DA LVIGI DE PVL
CI ANNO . M . CCCC
LXVIII.

S IO MERITAI DI TE MIO
SACro Apollo
Quel di chio uenni altuo
famoso templo
Et pianfi tanto del fuo extremo crollo
Accioche a tuoi fuggecti ancho fia exemplo
Io fon foletto apie dun erto collo .
Aiuta el fuono che per piacerti tempro
Ad cantar uersi del tuo amato lauro
Se tiricorda gia de bei crin dauro

    Inuocati-
    one.

S : tiricorda anchor del tempo antico
Se ilbel Hiacynto o Climen mai tipiacque
Dapoi che del tuo amor qui canto & dico
Onde ilprincipio della giostra nacque
                a i

23. – Luigi Pulci. *La Giostra di Lorenzo de' Medici* [Antonio Tubini, Lorenzo de Alopa e Andrea Ghirlandi, c. 1500] (Firenze, Biblioteca Riccardiana, Ed. Rare 271.1).

27. – AMERIGO VESPUCCI. *Lettera delle isole nuouamente trouate in quattro suoi viaggi* [Antonio Tubini & Andrea Ghirlandi, 1504? dopo il 4 settembre] (Firenze, Biblioteca Nazionale Centrale, Banco Rari 192).

F i n i s.

Impresso nella alma et inclita Cipta di 'Firenze per
Hieronymo di Rugerii da Reggio stampatore
Ad Instantia di Ser Piero da Pescia.
Nello Anno del nostro Signore
Messer Jesu Christo. M.
ccccc.v. Adi.xxx.di
Maggio. La
us Deo.

28. – *Fior di virtù*. 'Firenze per Hieronymo di Rugerii da Reggio stampatore ad instantia di Ser Piero da Pescia'. 30 maggio 1505 (Firenze, Biblioteca Nazionale Centrale, 10.5.125).

31. – Petrus Canuntius. *Regule florum musices*. 'Impressum est Florentie ... per Bernardinum dictum zuchettam impensa dicti fratris petri Cannuntii ... die XVIII Maii M.D.X.' (Firenze, Biblioteca Marucelliana, R.a.514).

MEMORIALE DI MOLTE STATVE
ET Picture sono nella inclyta Cipta di Flo
rentia Per mano di Sculptori & Pictori
excellenti Moderni & Antiqui /
& tracto dalla propria Copia di
Messer Francesco Alber
tini prete Floreti
no Annodñi
1 5 1 0.

.T.

Francisci Albertini disticon.

Si nunc errarem / fateor me errare libenter:
Nam sine errore / nullus in orbe fuit.

32. – *Memoriale di molte statue et picture sono nella inclyta cipta di Florentia per mano di sculptori & pictori excellenti moderni & antiqui.* ' Impresso per ser Antonio Tubini questo di 2. di ottobre M.DX. ' (Firenze, Biblioteca Riccardiana, Ed. Rare 226).

O dolce madre mia che uuol dir que
La madre risponde. (sto?
Vuol dir ch̄ dio unacq̄ buona & bella
prouisto ciha
Ismael dice.
andiam cantando a quella
Aghar & Ismael uanno con alle
grezza inuerso la fonte cantan/
do questi quattro uersi.
Arbore & frode & fiori ch̄a pena & pi
fusti inuitati p̄la sete nostra (anto
hora a far festa & allegreza & canto
uenite allacqua che sara acor uostra
Giunti al pozo 'aghar al figliuo
lo dice cosi.
Questa e' lacq̄ figliuolo ch̄ lagel sacto
pregado dio p te' mha hor dimostra
uuolsi con deuotione pigliar di q̄sta
et i laude del signor far poi grafesta
Ismael & Aghar come assetati beo
no dellacqua & sirinfreschano: di
poi Aghar dice ad Ismael.
Io uo dolce figliuolo che noi stiano
qui doue il pozzo Dio ciha pueduto
et qui dhauer del pan ci afatichiano
faccendo bene, Dio cidara aiuto
Rispode Ismael.
Molto mipiace/ & io p mote & piano
cō larcho mio ch̄ trar sep̄ ho saputo

prouedero di molti uccelli & fiere
Risponde aghar. (cc
Preghiane hora ellignor se glie i piae
Et ginochiati dicono insime que/
sta stanza con un bel canto.
Signor dalquale noi siam stati creati
che senza te nessun nulla saria
et se noi meritamo esser cacciati
et dhauer dun po dacqua carestia
perla tua gratia siamo hor liberati
onde a te laude & gloria sempre sia
qui cistarem signor fin che a te piace
che guerra e' senza te' teco ogni pa
Langelo da licentia. (cc.
Veduto hauere presenti auditori
come siapprede eldi dalsuo mactino
et qual li fructi sien de primi fiori
& del ben far quale e' il p̄mio diuino
q̄ste son nostre gioie & gran thesori
q̄sta e' di uita nostra ilbuo camino
Ismael e' scacciato' Ysac electo
che e' ilpopol giudeo & benedecto.

FINIS.

℃ Finita la rapresentatione di Ismael
℃ Eece stampare Maestro Francesco
di Ciouanni Benuenuto' sta dalcan
to de bischari.

34. – *Rappresentazione quando Abraam cacciò Aghar sua ancilla.* ' Eece [sic per Fece] stampare Maestro Francesco di Ciouanni [sic] Benuenuto, sta dal canto de bischari ' [c. 1515] (Firenze, Biblioteca Nazionale Centrale, E.6.5.1.I. [4]).

ꟼ Comedia di Callima
co : & di Lucreⱡia.

35. – NICCOLÒ MACHIAVELLI. *Commedia di Callimaco e di Lucrezia* (*La Mandragola*) [1518?] (Parma, Biblioteca Palatina, N. 11389).

36. – Pedacius Dioscorides. *De medica materia libri sex*. Florentiae,
per haeredes Philippi Iuntae. 1523. Idibus Februarii (Firenze, Biblioteca Riccardiana, Stamp. 10129).

IO prego il sõmo padre redẽptore
che tanta gratia mi uogli donare
& che conceda a me tanto ualore
che una stotia io possi raccontare
che piacer dia a ciascun auditore
dun santo ilquale fu di grã le affare
che penitentia fe del suo peccato
san Giouãni Boccadoro e chiamato
Iesu xp̃o che morí con passione
sulla croce, & ha noi ricomperato

narrar ui uoglio per sua deuotionẽ
dun gẽtil huom Shirano chiamato
morte & rubate hauea molte p̃one
& grã tempo non s'era confessato
vdendo vn giorno vn frate p̃dicare
voglia gli venne andarsi a cõfessare
Dinãzi a un frate se nando Schirano
a confessarsi con gran reuerentia
il frate gli rispose humile & piano
& disse, tu hai fatto gran fallenza

# PIER FRAN
## CESCO GIAMBVL
### LARI ACCADEMICO FIOR.

De'l Sito, Fórma, & Mifúre, déllo
Infèrno di Dánte.

In Firénze per Néri Dorteláta M. D. XLIIII.

39. – Pier Francesco Giambullari. *De 'l sito, forma & mensure dello Inferno di Dante.*
Firenze, per Neri Dortelata, 1544 (Firenze, Biblioteca Riccardiana, 302.3).

La raprefentatione di fancto
Antonio abate

44. – *La Rappresentazione di Sancto Antonio Abate*. Per Lorenzo Peri, 8 agosto 1547
(Firenze, Biblioteca Nazionale Centrale, E.6.5.1.I. [20]).

L'ARCHITETTVRA
DI LEONBATISTA
ALBERTI

*Tradotta in lingua Fiorentina da Cosimo
Bartoli Gentil'huomo & Accademico Fiorentino.*

Con la aggiunta de
Disegni.

IN FIRENZE.    M. D. L.
Appreſſo Lorenzo Torrentino Impreſſor Ducale.

45. – Leon Battista Alberti. *L'architettura.* Tradotta in lingua Fiorentina da Cosimo Bartoli, Gentil'huomo & Accademico Fiorentino. Con la aggiunta de disegni. Lorenzo Torrentino, 1550 (Firenze, Biblioteca Riccardiana, Stamp. 11039).

Pubblicarono insieme Diogenes Laertius, il *Fior di virtù*, e i *Trionfi* del Petrarca, le *Epistole* di Phalaris, le *Epistole* di Luca Pulci, e i *Salmi* in latino. Francesco Bonaccorsi è il tipografo della prima edizione del *Convito* di Dante, 1490, e nello stesso anno delle *Laude* di Giacopone da Todi. Il Bonaccorsi, come tanti altri tipografi, era prete. Aveva ereditato molto materiale da Antonio Miscomini, ma è messa in dubbio da R. Ridolfi una sua società col Miscomini, affermata in B.M.C. vi, pp. xvi-xvii.

BRF, Ed. Rare 651
BMor. F, inc. 62 (B.5.59)

Goff U 79. IGI 6252. BMC vi, 670.

## 1488

10 - *Fior di virtù.*

Francesco Bonaccorsi e Antonio di Francesco, 31 ottobre 1488.

In quarto. 54 carte.
Car.: 98 R.

Questo testo, popolarissimo, sembra essere stato stampato per la prima volta a Venezia nel 1471, ma il tipografo della prima edizione è in dubbio.

Delle 66 edizioni quattrocentesche del *Fior di virtù* ora registrate, sette furono stampate a Firenze. Almeno due edizioni illustrate seguirono a Firenze dopo il 1500 (vedi no. 28).

BRF, 182.2

Goff F 180. IGI 3949. BMC vi, 671. GW 9923.

Curt F. Bühler, *Studies in the early editions of the Fiore di Virtù*, in: *Papers of the Bibliographical Society of America*, 49 (1955), pp. 315-339.

## 1488-89

11 - Omero, *Opera*. [Tutto in greco].

In folio. 440 carte, di cui due bianche [dopo il 13 gennaio 1488/89].

*Editio princeps* delle opere di Omero. Il più splendido fra tutti i libri stampati in Italia in lingua greca nel secolo XV. Il carattere è una nuova versione ampliata, con un totale di più di 300 pezzi, di quello già usato nel 1476 da Dionysius Paravisinus a Milano per stampare il Lascaris. I due stati del carattere furono tagliati dal cretese Demetrius Damilas.

Ma mentre B.M.C. e altri hanno attribuito la stampa a Bernardo Nerlio, Nerio Nerlio e Demetrio Damilas, R. Ridolfi ha dimostrato che i Nerli non erano tipografi, e attribuisce l'Omero in parte a Demetrio Damila (per il greco), allo ' Stampatore del Virgilio ', e in parte forse anche a Bartolommeo de' Libri. Robert Proctor invece aveva attribuito il libro intieramente a B. de' Libri, ma tale attribuzione non può essere esatta.

Lo ' Stampatore del Virgilio ' è quello, anonimo, ribattezzato dal Mse. Ridolfi, che dal B.M.C. veniva chiamato ' Stampatore del Benignus '. Undici sono le sue edizioni conosciute.

BRF, Ed. Rare 31-32

GOFF H 300. IGI 4795. BMC vi, 678.

R. RIDOLFI, Lo ' Stampatore del Virgilius, C. 6061 ' e l'edizione principe di Omero, « La Bibliofilia », 1954 (ristampato in La stampa a Firenze ... 1958). Cinque secoli del libro italiano, Roma, 1965, no. 126.

## [c. 1490]

### 12 - FEO BELCARI, *Laude*.

[Bartolommeo de' Libri, c. 1490].

In quarto. 68 carte.
Car.: 113 R.

Unica copia in Italia registrata dal GW è questa della Biblioteca Nazionale di Firenze, ma esiste anche una copia in America, Bryn Mawr College Library.

Feo Belcari (1410-1484) scrisse molte sacre rappresentazioni e laudi; e la sua prima pubblicazione sembra essere la *Vita del beato Giovanni Colombini*, Firenze, Niccolò Tedesco, intorno al 1475-77 (GW. 3798).

Soltanto i due primi quaderni, a e b, portano le segnature: i quaderni sono, secondo il GW.: ab⁸[c-h⁸i⁴], come se fosse per Bartolommeo de' Libri un esercizio sperimentale aggiungere le segnature. Invece le aveva già usate nel novembre, 1482.

BNCF, A.5.31

GOFF B 297. IGI 1433. GW 3787.

13 - GIROLAMO SAVONAROLA, *Trattato dell'amor di Gesù.*

Antonio Miscomini, 17 maggio 1492.

In quarto. 28 carte. a - c⁸ d⁴.

Forse la prima opera a stampa del ' Frate da Ferrara ' (1452-1498), che aveva cominciato a predicare in Firenze al principio del 1490. Dal maggio 1492 in poi, le sue prediche venivano stampate subito, appene dette o scritte. Prima della fine del secolo, cioè in meno di nove anni, almeno 110 edizioni del Savonarola furono stampate a Firenze: egli è quindi di gran lunga il più copiosamente stampato fra tutti gli autori del Quattrocento in Italia. Più di un'ottava parte di tutti gli incunaboli fiorentini sono testi savonaroliani.

Una seconda edizione di questo trattato seguì dopo poco più di un mese, il 26 giugno 1492.

BRF, Ed. Rare 215.4

GOFF S 166. IGI 8781.


14 - SIR JOHN MANDEVILLE, *Itinerario.*

Lorenzo Morgiani & Johann Petri, 7 giugno 1492.

In quarto. 80 carte.
Car.: 81 G.

Stampato per la prima volta a Milano nel 1480, il libro dei viaggi dell'inglese Sir John Mandeville fu scritto intorno al 1360 ed ebbe gran successo per tutta l'Europa; ma non è certo che il Mandeville stesso fece i viaggi che descrive. È molto derivativo.

Lorenzo Morgiani stampava a Firenze dal 1489 a forse tutto l'anno 1500, più da solo, ma anche, come qui, in società col tedesco Giovanni di Pietro.

È divertente notare che sul frontespizio di questa edizione il Mandeville (' Cavaliere asperondoro ') è chiamato ' Franzese ', mentre al verso della stessa carta è chiamato ' anglico, nato nella cipta di sancto Albano ': è un buon esempio della mancanza nel Quattrocento della correzione delle bozze.

BNCF, K.6.20

GOFF M 172. IGI 6103. BMC vi, 681.

35

# 1493

## 15 - JACOBUS DE CESSOLIS, *Il giuoco degli scacchi.*

Antonio Miscomini, 1 marzo 1493/94.

In quarto. 68 carte.
Car.: 112 R.

Il ' De ludo scachorum ' di Jacobus de Cessolis (Domenicano genovese che scriveva intorno all'anno 1300) fu pubblicato per la prima volta ad Utrecht intorno al 1475 (GW. 6523). Ebbe gran successo, con traduzioni in olandese, inglese, tedesco e italiano.

Non è un libro che insegna a giuocare a scacchi: è un trattato allegorico, dove i pezzi rappresentano gli elementi della società umana.

Antonio Miscomini da Modena stampò a Venezia dal 1476 al 1478 (o forse al 1480), all'Abbazia di Nonantola col fratello Giorgio nel 1480, a Firenze dal 1481 al 1494, e a Modena con Domenico Rocociola nel 1488 e nel 1489. A Firenze stampò forse più di sessanta edizioni. Non è stabilito che il Miscomini stampava ancora dopo il 1494: l'attribuzione a lui del *Giardino di orazione fruttuoso* di Niccolò da Osimo intorno al 1495-1500 (Goff N 79) è molto incerta, e quella edizione sembra più probabilmente stampata a Venezia.

BNCF, P.5.4

GOFF C 419. IGI 2717. BMC vi, 642. GW 6534.

*Cinque secoli del libro italiano*, Roma, 1965, no. 131.

# [1494?]

## 16 - FEDERICO FREZZI, Vescovo di Foligno, *Il Quadriregio.*

[Bartolommeo de' Libri, non dopo il 1494?].

In folio. 76 carte.
Car.: 97 R¹.

Il Domenicano folignate Federico Frezzi compose il *Quadriregio del decorso della vita humana* in terza rima fra il 1394 e il 1402, ad imitazione della Divina Commedia. Fu stampato per la prima volta a Perugia nel 1481. L'edizione più bella dell'opera è quella, illustrata di silografie, stampata a Firenze a petizione di Piero Pacini da Pescia nel 1508, ma l'esemplare di questa edizione posseduto dalla Bibl. Nazionale di Firenze fu alluvionato nel 1966.

Bartolommeo de' Libri stampò qualche centinaio di libri a Firenze dal 1482 al 1511, per lo più senza aggiungere né data né nota tipografica: così le sue edizioni si devono quasi sempre riconoscere per mezzo dei caratteri.

Il BMC distingue un secondo stato del carattere 97 R. nel settembre 1495: la presente edizione è quindi anteriore a quella data. La data [1494?] è stata suggerita parte perché il contenuto di ogni pagina corrisponde a quello dell'edizione bolognese di Francesco dei Ragazzoni di quell'anno; ma il B.M.C. pensa che l'edizione fiorentina sia un po' anteriore a quella.

BNCF, B.3.2

Goff F 312. IGI 4100. BMC vi, 655.

## [c. 1495]

### 17 - EURIPIDES, *Medea. Hippolytus. Alcestis. Andromache.* [Tutto in greco].

[Laurentius de Alopa. Venetus, c. 1495].

In quarto. 98 carte.

Unico incunabolo di Euripide. La prima edizione di quattro delle tragedie, stampate a cura di Janus Lascaris. Diciassette tragedie dello stesso autore furono poi stampate da Aldo Manuzio a Venezia nel 1503.

Lorenzo de Alopa da Venezia stampava a Firenze quasi esclusivamente autori greci, a cominciare dalla traduzione delle opere di Platone (q.v.), a cura di Marsilio Ficino, nel 1485. Seguirono l'Antologia Greca nel 1494, il *Pinax* di Cebes, quest'edizione di Euripide e le *Gnomai* (scelta di aforismi da vari poeti) circa il 1495; Apollonio da Rodi, *Argonautica*, e opere di Luciano nel 1496; l'*Erotemata* di Emanuele Crisolora senza data ma forse 1496; i *Commentaria in Platonem* dello stesso Ficino nel 1496; e forse l'ultimo libro, gli *Inni* di Callimaco, che si crede del 1497.

Lorenzo de Alopa era in compagnia con Tubini e Ghirlandi dal 1496 al 1500, ma allora non si occupava delle opere greche.

BRF, Ed. Rare 480

GOFF E 115. IGI 3725. GW 9431. BMC vi, 667.

## [1496?]

### 18 - GIROLAMO SAVONAROLA, *Predica dell'arte del ben morire.*

[Bartolommeo de' Libri, dopo il 2 novembre 1496].

In quarto. 18 carte. a$^8$ b$^6$ c$^4$.
Car.: 114 R$^2$; 97 R$^2$.

Prima edizione, stampata subito dopo la predica, e seguita poi da almeno tre edizioni fiorentine del sec. XV.

' Predica dellarte del bene morire facta dal reuerendo padre frate Hieronymo da Ferrara adi. ii. di Nouembre. M.CCCCLXXXXVI. & raccolta da Ser Lorenzo Violi dalla uiua uoce del *predecto* padre mentre che predicaua '.

A c. 1 recto, silografia del Trionfo della Morte; a carta 6 verso, Morte, Cielo e Inferno; a 12 e 14 recto, scene dell'*Ars moriendi*, con un uomo moribondo a letto; tutte nello stile tipico della silografia fiorentina dell'epoca. Spesso le stesse silografie si prestavano fra un tipografo e l'altro.

BRF, Ed. Rare 218.3

GOFF S 249. IGI 8756. BMC vi, 650.

*Cinque secoli del libro italiano*, Roma, 1965, no. 139.

## [1497]

### 19 - ANGELO DA VALLOMBROSA, *Epistola ai Fiorentini.*

[Bartolommeo de' Libri, dopo il 1° gennaio 1496/97].

In quarto. 12 carte. a b$^6$.
Car.: 114 R$^2$.

' Angelo desidera che li Signori & populo florentino conseruino unione con Carolo Re di Francia '.

La piccola silografia sul frontespizio (un monaco che scrive) si trova anche nel SAVONAROLA, *Epistola a un amico* (IGI 8694 [' dopo il 1497 ']), dove appare molto più sciupata nella cornice.

La cornice del frontespizio dell'Angelo da Vallombrosa si trova anche nel JACOPO PASSAVANTI, *Specchio di uera penitentia* [B. de' Libri], 12 marzo 1495 (IGI 7254), e su molti altri libri, anche dopo il 1500.

BRF, 207.1

IGI 550. BMC vi, 650-1. GW 1911.


## 1498


20 - *Nuovo ricettario composto dal Collegio dei Dottori di Firenze.* (A cura di Girolamo dal Pozzo Toscanelli).

Compagnia del Drago, 10 (21) gennaio 1498.

In folio. 88 carte, di cui tre bianche.
Car.: 101 R.


La Societas Colubris (Compagnia del Drago) pubblicò a Firenze sei o sette libri negli anni 1497 e 1498, forse anche più tardi. Chi dirigeva questa stamperia non si sa: alcuni bibliografi dicono Antonio Tubini.

Una variante descritta da Hain-Reichling porta la data del 21 gennaio nel colophon. Una nota manoscritta sull'ultimo foglio di guardia dell'esemplare di questo libro posseduto dalla British Library si legge: « Nelle Nouelle Letterarie Fiorentine dell'anno 1760 ... si dice che Messer Neri di Neri Medico del Gran Duca Ferdinando I fu correttore del celebre Ricettario Fiorentino ». Girolamo dal Pozzo Toscanelli, medico, figlio di Lodovico, nacque nel 1468. Le lettere A.M.A. che si trovano in questo libro, nel Marullo del 26 novembre 1497, e nel *Salterio abbreviato di San Girolamo*, senza data (Reichling 1337) non si sono mai spiegate.

BNCF, E.6.1.27

IGI 8360. BMC vi, 691.

## [1498?]

21 - GIROLAMO SAVONAROLA, *Trattato circa il reggimento della città di Firenze*.

[Bartolommeo de' Libri, non prima del gennaio 1498].

In quarto. 20 carte, l'ultima bianca.
Car.: 97 R$^3$.

Testo pubblicato anche dalla Societas Colubris. 'Composto ad instantia delli excelsi Signori al tempo di Giuliano Saluiati Gonfaloniere di Iustitia'.

Il Salviati fu Gonfaloniere nei mesi di gennaio e febbraio 1498.

BRF, 216.8
BMor. F, inc. 37 (C.7.36)

GOFF S 236. IGI 8793. BMC vi, 653.

## 1500

22 - *Miracoli della gloriosa Vergine Maria*.

' Impressi in firenze Ad petitione di Ser Piero da Pescia '. 15 giugno 1500.

In quarto. 84 carte. 'a c - k$^8$ b l$^6$ ' (Reichling). 110 silografie.
Car.: 97 R.

La descrizione fatta dal Reichling (no. 1276) suggerisce che il quaderno b è mal rilegato nell'unica copia conosciuta, vista da lui.

L'edizione è senza dubbio stampata da Bartolommeo de' Libri, il quale aveva già pubblicato almeno una edizione precedente, verso il 1495 (esemplare mutilo in British Library, IA. 27465). La grande popolarità di questo testo spiega l'eccezionale rarità delle edizioni.

BNCF, L.7.46

IGI 6518. SANDER 4322.

V. SCHOLDERER, *An unknown Florentine incunabulum*, « The Library » (1938), pp. 331-334.

# [c. 1500]

### 23 - Luigi Pulci, *La Giostra di Lorenzo de' Medici.*

[Antonio Tubini, Lorenzo de Alopa e Andrea Ghirlandi, c. 1500].

In quarto. 18 carte. a⁸ b⁶ c⁴.

Le prime due edizioni fiorentine di quest'opera sono molto rare: mancano, per esempio, alla British Library, che possiede soltanto le due edizioni del 1518. La prima edizione è quella del 18 marzo 1481, attribuita ad Antonio Miscomini (IGI 8225). Non si può sapere con certezza se questa seconda edizione sia anteriore o posteriore al 1500.

Luigi Pulci (1432-1484), amico di Lorenzo il Magnifico, vide la pubblicazione del suo *Morgante Maggiore* da Francesco di Dino il 7 febbraio 1482/3 (edizione di cui purtroppo non è registrato alcun esemplare in Italia); ma molte altre sue opere uscirono postume.

Ma come spiega William Roscoe nella sua *Vita di Lorenzo de' Medici*, il vero autore della *Giostra* fu Luca Pulci, fratello di Luigi e autore del *Driadeo*: il poema fu poi ripulito da Luigi. È molto difficile distinguere fra le opere dei due Pulci, che forse scrivevano in collaborazione.

BRF, Ed. Rare 271.1

Goff P 1123. IGI 8226. Sander 6024 [' Bartolomeo de' Libri, c. 1490 '].

# 1502

### 24 - S. Gregorio Magno, *Il libro delle omelie.*

' Impresse in firenze a di. xyiii. dagosto M.CCCCCII '.

In folio. 92 carte. a - k⁸ l m⁶.
Car.: 100 R.

È molto strano che dopo la fine del Quattrocento (compreso l'anno 1500), quando Firenze aveva stampato circa 800 libri (fra cui molti senza data e indatabili prima o dopo il 1500), nell'anno 1501 non si conosce un libro stampato a Firenze, e nell'anno 1502 si conosce uno solo, che è questa edizione delle *Omelie* di S. Gregorio

Magno, in italiano. Non porta nessuna indicazione di tipografo, ed è stata spesso attribuita a Filippo Giunta. Ma per vari motivi tale attribuzione non è sostenibile. Il capilettera A (23 x 21 mm.) è quella che si trova anche nell'Alberti, *Opera* [Firenze, B. de' Libri, c. 1499], GW. 571. È molto più probabile che il tipografo del S. Gregorio sia lo stesso Bartolommeo de' Libri.

G. W. PANZER (« Annales typographici », vol. 7, Norimbergae, 1799, p. 7) registra un altro libro stampato a Firenze nel 1502: *Regulae, ordinationes et constitutiones Cancellariae Julii II. Papae, scripte et correpte* (sic) *in cancellaria apostolica*, Florentiae per Ant. de Tubinis et Ant. de Ghyrlandis, MDII, in 4°; ma di tale edizione non si conosce un esemplare.

Ci vogliono delle ricerche archivistiche per spiegare la mancanza quasi totale di libri stampati a Firenze nel 1501 e nel 1502.

BRF, Ed. Rare 139

BANDINI, II, p. 3.


## 1503

### 25 - CAIUS SALLUSTIUS CRISPUS, *Opera.*

' Opus hoc impressum Florentiae opera & impensa Philippi giuntae Florentini Bibliopolae '.

In ottavo. 82 carte. a - i$^8$ k$^{10}$.


È nel 1503 che Filippo Giunta inizia la serie di edizioni tascabili degli autori classici, ad imitazione di Aldo Manuzio a Venezia, con caratteri corsivi. Nello stesso anno egli pubblica Orazio, Catullo e Valerio Flacco; ma l'edizione la più rara di quell'anno dev'essere il Sallustio, che manca alla British Library. Esistono due varianti della stessa edizione: tutte e due si trovano a Cambridge (vedi il catalogo di H. M. Adams, S 135 e S 136). È rara anche a Firenze.

L'edizione fu pubblicata a cura di Benedictus Philologus Florentinus, cioè Benedetto Riccardino, attivo dal 1497, per il quale vedi WILLIAM A. PETTAS, *The Giunti of Florence* (San Francisco, 1980), pp. 40-43.

BMF, R.u.410

## 26 - *Sponsalitium animae.*

In ottavo. 76 carte. [* 4] a - s4.
Car.: 77 R.

Lo *Sponsalitium animae* è un testo anonimo ' compilato da vno frate dell'Ordine de Predicatori ad instantia d'vna deuota persona fiorentina '. Difatti egli, ' Frater B. de Florentia ', s'indirizza ' Alexandrae in Christo dilectae ', e la chiama ' Sorella amantissima ': lei doveva essere quindi una suora. L'autore è stato variamente identificato come Benedetto di Paolo o Benedetto degli Alessandri, ma non è certa l'identificazione.

Il libro si può attribuire tipograficamente con ogni probabilità, anche se non con certezza, a Bartolommeo de' Libri. Fu stampato ' Vigilia Sancti Matthei Apostoli ' [20 sett.] 1503, senza specificare il luogo di stampa, che è però senza dubbio Firenze.

BRF, Ed. Rare 223

SANDER 7060 (e RAVA, supplemento). MORTIMER (Harvard) 484.
Esemplare comprato dalla British Library nel 1983.

## 1504

## 27 - AMERIGO VESPUCCI, *Lettera delle isole nuouamente trouate in quattro suoi viaggi.*

[Antonio Tubini & Andrea Ghirlandi, 1504? dopo il 4 settembre].

In quarto. 16 carte. a b6 c4. Cinque silografie.
Car.: 136 G., 86 R.

Erroneamente attribuita a ' Giovanni Stefano di Carlo da Pavia, ed. Piero Pacini c. 1505 ': vedi *Mostra Vespucciana. Catalogo*, Firenze, 1955, p. 58, no. 80. G. S. Martini parlava di cinque esemplari conosciuti nel mondo, di cui questo, della Biblioteca Nazionale di Firenze, è l'unico in Italia. Non disse dove si trovano gli altri quattro, uno dei quali però è nella British Library (Grenville 6535) e un altro è nella Biblioteca Nazionale di Parigi.

L'attribuzione del Martini a Gian Stefano di Carlo da Pavia è invece erronea, perché i tipi sono quelli di Tubini e Ghirlandi; e per giunta Gian Stefano di Carlo da Pavia non aprì la sua botega tipografica a Firenze che nel 1511, almeno secondo il primo libro datato.

Conosciuta come « Lettera al Soderini », descrive quattro viaggi del Vespucci, dal 1497 al 1504, al servizio della Spagna e del Portogallo.

BNCF, Banco Rari 192

F. Barberi, *Derivazioni di frontespizi*, in: *Contributi alla storia del libro italiano. Miscellanea in onore di Lamberto Donati*, Firenze, Olschki, 1969, p. 39.
*Cinque secoli del libro italiano*, Roma 1965, no. 273 (ancora attribuito a G.S. di Carlo da Pavia).

1505

## 28 - *Fior di virtù.*

' Firenze per Hieronymo di Rugerii da Reggio stampatore ad instantia di Ser Piero da Pescia '. 30 maggio 1505.

In quarto. 48 carte, l'ultima probabilmente bianca. a - f$^8$.
Car.: 92 G.

Fino all'anno 1981 la presenza a Firenze del tipografo reggiano Girolamo Ruggeri (figlio del noto stampatore di incunaboli Ugo Ruggeri, che lavorava per lo più a Bologna) era sconosciuta a tutti i bibliografi. Il presente esemplare è forse l'unico superstite.

Il Ruggeri per questa edizione del *Fior di virtù* adoperava la stessa cornice e la stessa silografia del frontespizio già usate nell'edizione della Compagnia del Drago del 1498 (IGI 3965). Anche le stesse 35 silografie del testo provengono dallo stesso incunabolo.

Girolamo Ruggeri stampa forse solo questo libro a Firenze. Tornato a Reggio, il 9 novembre 1512 egli finì di stampare le prime 52 carte di Antonio Dolciati, *De festis mobilibus*, libro che poi fu completato (da carta 53 a carta 144) a Firenze di Gian Stefano di Carlo da Pavia nel 1514. Nessuno ha mai spiegato questo fenomeno di un libro stampato parte a Reggio e parte a Firenze; ma ora, con la scoperta di un libro stampato dal Ruggeri a Firenze nel 1505, possiamo dire almeno che egli aveva rapporti con la città dell'Arno già da parecchi anni prima di iniziare il lavoro del libro a Reggio.

BNCF, 10.5.125

D. E. Rhodes, *Due note di bibliografia fiorentina del primo ventennio del Cinquecento. I. Un nuovo tipografo a Firenze nel 1505*, « La Bibliofilia », LXXXIII (1981), pp. 219-221.

## 29 - S. ANTONINO, Arcivescovo di Firenze, *Somma Omnis mortalium cura ...* Specchio di conscientia.

' Impresso in Firenze ... nuouamente ricorretto per ser Antonio Tubini adi. 28 di febraio 1507 ad instantia di Francesco cartolaio, chiamato el conte '.

In quarto. 54 carte. a - f⁸ g⁶.
Car.: 85 R.

Il 28 febbraio 1507 Antonio Tubini firma due libri, questo e una edizione del Savonarola, *Compendio di reuelatione*, tutti e due a spese del cartolaio Francesco, detto il Conte, di cui vediamo la marca editoriale. Poi il 20 maggio 1507 esce una edizione della stessa *Somma* antoniniana, ' impresso in Firenze ad petitione di ser Piero Pacini da Pescia ' (Isaac 13479, Sander 431), questa volta con 66 carte invece delle 54 dell'edizione qui esposta.

PAUL KRISTELLER (*Early Florentine woodcuts*, no. 27 b) a torto dichiara che nella seconda edizione appaiono i nomi dei tipografi Lorenzo Morgiani e Johann Petri, i quali avevano smesso di lavorare nel 1500. Francesco di Iacopo, detto il Conte, paga e vende altre edizioni negli anni 1510-1519, stampate da vari tipografi.

BRF, N.A.I. 52

## 30 - ANDREAS CATTANIUS, *Opus de intellectu et de causis mirabilium effectuum.*

In quarto. 44 carte. a⁴ b - f⁸.
Car.: 98 R. Isaac 13497: ' Firenze, stamperia sconosciuta, circa 1505: carattere adattato dal 97 R. di B. de' Libri '.

HAIN-COPINGER 4685, PELLECHET-POLAIN 3387, avevano attribuito questo libro a Iacopo di Carlo e Pietro Onofrio de Bonaccorsi intorno al 1489, ma, come scrive il GW, non può essere anteriore al 22 settembre 1502, quando Pietro Soderini fu eletto Gonfaloniere perpetuo della Giustizia a Firenze. Il GW poi attribuisce la stampa con probabilità a Bartolommeo de' Libri, come anche Liliana Poli. Il Thorndike invece (*A history of magic and experimental science*, V,

5, 1941, p. 90) suggerisce il 1507 come anno più probabile di composizione e pubblicazione del libro.

Paul Kristeller (*Devices*, no. 64) attribuisce la marca ad un tipografo sconosciuto di Firenze, ma tale argomento non convince. Questa marca contiene le iniziali A.I. Siccome l'autore era nativo di Imola, è forse la sua marca personale (Andreas Imolensis), perché nessun tipografo o libraio è conosciuto a Firenze con queste iniziali.

BMF, R.o.173.2

## 1510

### 31 - Petrus Canuntius, *Regule florum musices.*

' Impressum est Florentie ... per Bernardinum dictum zuchettam impensa dicti fratris petri Cannuntii ... die XVIII Maii M.D.X. '.

In folio. 38 carte, l'ultima bianca. a⁴ b⁶ c - i⁴. Con silografie e musica a stampa.

Bernardo Zucchetta, che delle volte si chiama ' Zucchetta dei Poveri ', stampava a Firenze dal 1505 al 1525. Questo bellissimo libro di musica dà l'indirizzo dello Zucchetta ' apud plateam dominorum ', cioè in Piazza dei Signori.

Poco si sa dell'autore: sembra l'unico suo libro. Egli era nativo di Potenza, ed era Francescano.

BMF, R.a.514

Sander 1604. Siviglia, Biblioteca Colombina, catalogo, 6791.
Oltre questo esemplare di Siviglia, se ne conoscono a Firenze, B. Marucelliana; Bologna, Liceo di Musica; e Parigi, B. Nazionale.

### 32 - *Memoriale di molte statue et picture sono nella inclyta cipta di Florentia per mano di sculptori & pictori excellenti moderni & antiqui.*

' Impresso per ser Antonio Tubini questo di 2. di ottobre M.DX. '.

In quarto. 8 carte. a⁸.
Car.: 84 R. Libro molto raro.

' Tracto dalla propria copia di Messer Francesco Albertini prete Florentino '.

46

La cornice del frontespizio è quella già adoperata per le edizioni del *Fior di virtù* del 1498 (Societas Colubris) e del 30 maggio 1505 (Girolamo Ruggeri), copiata dall'edizione bolognese dell'Honorius, *Lucidario*, 1492.

L'Albertini, dilettante di pittura, musica e poesia, era cappellano nella Chiesa di S. Sabina in Roma e « doctor pontificius ».

BRF, Ed. Rare 226

SANDER 161. *Cinque secoli del libro italiano*, Roma 1965, no. 206.

## [c. 1515]

### 33 - PIOVANO ARLOTTO, *Motti e facezie.*

Bernardo Zucchetta ad instantia di Bernardo di ser Piero da Pescia [c. 1515].

In quarto. 74 carte.

Il GW (seguito dall'IGI no. 854) erra quando attribuisce questo libro ad un anno intorno al 1490. Difatti, come hanno già dimostrato Sander ['c. 1510?'], Don Tommaso Accurti (*Editiones saeculi XV pleraeque bibliographis ignotae*, Florentiae, 1930, p. 143 ['c. 1515']), e F. J. Norton (*Italian printers 1501-1520*, London, 1958, p. 35 ['non prima del 1515']), il libro non può essere uscito prima del 1515, giacché Bernardo, figlio di ser Pietro Pacini da Pescia, succedette al padre come editore-libraio a Firenze durante l'inverno fra il 1514 e il 1515.

'Piovano Arlotto' è il Mainardi, Plebano della Plebe di S. Cresci a Maciuoli, contado di Firenze, nato nel 1396 e morto nel 1483.

Ai tre esemplari registrati dal GW (Firenze B.N., Milano B. Trivulziana e Madrid B.N.) sono da aggiungere altri due: Londra, British Library (Grenville 9917, non mai catalogato fra gli incunaboli) e Firenze, Biblioteca Provinciale Moreniana, qui esposto.

BMor. F, B.8.26

HAIN-REICHLING 1792. GW 2499.

## 34 - *Rappresentazione quando Abraam cacciò Aghar sua ancilla.*

' Eece [*sic* per Fece] stampare Maestro Francesco di Ciouanni [*sic*] Benuenuto, sta dal canto de bischari '.

In quarto. 8 carte. a$^8$.

Si presume stampata dopo il ritorno dei Medici nel 1512, perché la silografia contiene le palle medicee. La marca tipografica identifica gli stampatori Antonio Tubini e Andrea Ghirlandi. In questo caso non hanno potuto correggere i due errori di stampa del colophon, ma in generale stampavano bene.

Francesco di Giovanni Benvenuto fu un libraio che fece stampare da diversi tipografi dal 1515 al 1540 incirca.

Lo stesso volume di miscellanea della Biblioteca Nazionale contiene anche un'altra edizione della stessa sacra rappresentazione, con le iniziali alla fine ' M.F.M. ', non identificate, ma con la stessa marca tipografica e silografia. M.F.M. è forse il correttore della tipografia Tubini-Ghirlandi.

BNCF, E.6.5.1.I (4)

## [1518?]

## 35 - Niccolò Machiavelli, *Commedia di Callimaco e di Lucrezia. (La Mandragola).*

In quarto. 40 carte. A - K$^4$.

Prima edizione, anonima, senza nota tipografica, ma evidentemente stampata a Firenze, da tipografo non identificabile, forse per il carnevale del 1518. R. Ridolfi fu il primo a notare la rozza impresa medicea sul frontespizio, che indica due cose: 1) che il libro fu stampato a Firenze e non a Siena, come pensava il Sander; 2) che la data della stampa dev'essere posteriore al ritorno dei Medici in Firenze nel 1512. Lo Hain (no. 10416) conosceva il libro senza averlo mai visto, ma domandava ' An saec. XV? '.

Se ne conoscono soltanto quattro esemplari in biblioteche pubbliche: uno, completo, alla Biblioteca Palatina di Parma, uno (purtroppo mancante delle carte 1 e 4) alla Biblioteca Nazionale di Firenze; uno alla Biblioteca Reale dell'Aja; e uno al Musée Condé di Chantilly.

BNCF, K.7.58

SANDER 4070 [' Siena '].

R. RIDOLFI, *Composizione rappresentazione e prima edizione della ' Mandragola'*, « La Bibliofilia », LXIV (1962), pp. 285-300, con riproduzione del frontespizio.

CHANTILLY, *Le cabinet des livres. Imprimés antérieurs au milieu du XVIᵉ siècle.* Paris, 1905, no. 1144.

R. PENNINK, *Catalogus der niet-nederlandse drukken*: 1500-1540, Koninklijke Bibliotheek, 's-Gravenhage, 1955, p. 150, no. 1452.

# 1523

## 36 - PEDACIUS DIOSCORIDES, *De medica materia libri sex.*

Florentiae, per haeredes Philippi Iuntae. 1523. Idibus Februarii.

In folio. ff. 352 numerati.

Dopo la morte di Filippo Giunta nel 1517 i suoi eredi continuarono a stampare fino al 1532: in certi anni più di un libro al mese.

Questa traduzione latina del testo greco di Dioscoride è di Marcellus Virgilius, ' Secretarius Florentinus '. L'edizione adopera due corpi di caratteri gotici, tre romani, uno corsivo, e uno greco. La prima riga del frontespizio è stampata in rosso.

Alla fine è la grande marca tipografica di Filippo Giunta.

BRF, Stamp. 10129

# 1529

## 37 - ANTONIO DOLCIATI, *Opusculum de reformatione ritus celebrationis foestorum mobilium.*

' Impressum Florentiae per Michaelem Angelum Bartholomei Florentinum. Anno Domini M.D.XXIX. Idibus Iulii '.

In quarto. 40 carte. a - k⁴.
Car.: 100 R.

Michelangelo Fiorentino, figlio di Bartolommeo de' Libri, aveva stampato una trentina di opuscoli popolari a Siena fra il 1519 e il ritorno a Firenze avvenuto, sembra, nel 1525. Pochissime sono le edizioni stampate da lui poi a Firenze: una del 1528, questa del 1529, una del 1533, e una del 1535. La sua marca tipografica si riconosce anche in una sacra rappresentazione stampata anonimamente nel 1539 ' ad instantia di Maestro Francesco di Giovanni Benvenuto '.

Antonio Dolciati, fiorentino, nato nel 1476, ' eremita Augustinianus obseruationis ', si descrive ' Lombardiae alumnus ', forse perché aveva trascorso un periodo nella diocesi di Cremona (vedi a carta 2 b); ma firma la sua prefazione nel Cenobio di S. Gallo a Firenze il 15 settembre 1528.

BRF, 306.1

1542

## 38 - *La Hystoria di san Giouanni Boccadoro.*

' In Fiorenza per Ant. & Nic. ' 1542.

In quarto. 2 carte.

' Ant. & Nic. ' sono i due tipografi compagni Antonio Mazzocchi da Cremona e Nicolò Gucci da Cortona. Nel 1538 e nel 1539 stampavano in Città di Castello. A Firenze sembra che si siano stabiliti per poco tempo e con scarso successo. Nel 1542 stampano questa *Historia di S. Giovanni Boccadoro*, e nel 1543 la *Devota leggenda di Santo Basilio Abbate*, anche di due carte. Antonio Mazzocchi da solo stampa, senza data, in quattro carte un *Trattato della Superbia et Morte di Senso*: ma poi egli lascia Firenze e nel gennaio 1544 stampa un libro a Siena.

BNCF, E.6.5.2.I (18)

A. CIONI, *La poesia religiosa*, Firenze, Sansoni, 1963, p. 106 e p. 164.

## 39 - Pier Francesco Giambullari, *De'l sito, forma & mensure dello Inferno di Dante.*

Firenze, per Neri Dortelata, 1544.

In ottavo. A - K$^8$ L$^4$. pp. 153.

Pier Francesco Giambullari, fiorentino (1495-1555) pubblicava le sue opere con 'Neri Dortelata', Bernardo Giunta, Lorenzo Torrentino e Anton Francesco Doni.

Come Piero Fiorelli ha scritto: « Sul finire del 1544 Neri Dortelata tipografo fiorentino diede in luce due libri in grafia ortofonica, che sono i soli di sua edizione e anzi, si può dire, i soli che ci dian notizia di lui: Marsilio Ficino, *Sopra lo Amore o ver' Convito di Platone*, e Pierfrancesco Giambullari, *De 'l Sito, Forma, e Misure, dello Inferno di Dante* ». Ma nessuno sa se 'Neri Dortelata' è uno pseudonimo o forse anche un anagramma. Non è stato mai, e non potrà essere, identificato. Chiunque fosse, egli stesso aggiunge una nota 'a gli amatori della lingua fiorentina'.[1]

'Neri Dortelata' usa due marche tipografiche: tutt'e due raffigurano l'Arco di Noè, e portano il motto dantesco 'L'acqua ch'io prendo giamai non si corse'. Una è rettangolare (75 x 60 mm.) e l'altra ovale.

Il Fiorelli conclude con l'osservazione che 'il cognome Dortelata è sospetto per la sua stessa stranezza. Non si conoscono altre persone che l'abbiano portato; come non si conosce un toponimo Ortelata o Dortelata da cui possa derivare'. Ultimamente, Guido Gatti ha suggerito, in modo convincente, che 'Neri Dortelata' sia un anagramma, non del nome di una persona, ma della frase 'ordina lettera', e che forse significa lo stesso Giambullari. Ma: chi era il tipografo?

BRF, 302.3

Piero Fiorelli, *Pierfrancesco Giambullari e la riforma dell'alfabeto*, « Studi di filologia italiana », XIV (1956), pp. 177-210.

Guido Gatti, *Quest'è quel goffo e quel malvagio Neri*, « Lingua nostra », XLI, fasc. 1 (1980), pp. 19-20.

---

[1] Le 'Osservazioni per la pronunzia fiorentina di Neri Dortelata', pubblicate nel libro del Ficino, sono ora attribuite a Cosimo Bartoli, Accademico Fiorentino e traduttore dell'Alberti (vedi no. 42).

# 1546

## 40 - BURCHIELLO (Domenico di Giovanni), *E sonetti del Burchiello Fiorentino.*

Per Lorenzo Peri, 1546.

In ottavo. 82 carte num., più 5 carte non num.

Il Burchiello (Domenico di Giovanni, n. Firenze 1404, m. Roma, 1449) scrisse circa 150 sonetti certamente, mentre altri sono attribuiti a lui. Nemico dei Medici, dovette lasciare Firenze nel 1434.

Lorenzo Peri è forse il più attivo fra i tipografi di Firenze dagli anni 1540-50 dopo Bernardo Giunta e Lorenzo Torrentino, anche se di lui la British Library, per esempio, possiede solo due edizioni, fra cui questa del Burchiello. Ma uno studio più profondo sulla produzione tipografica del Peri, che non è stato finora fatto, dimostrerebbe che egli ha stampato diverse opere, per lo più senza illustrazioni e non molto distinte, ma chiare e accurate, ora diventate molto rare.

BRF, Stamp. 3171

## 41 - PIER FRANCESCO GIAMBULLARI, *Il Gello.*

Per il Doni, 1546.

In quarto. 42 carte.

Dedicato al Duca Cosimo de Medici, il *Gello* di P. F. Giambullari (Firenze 1495-1555) ha per secondo titolo « Ragionamenti de la prima et antica origine della Toscana et particolarmente della lingua Fiorentina ». Primo custode della Biblioteca Laurenziana, scrisse nel 1546 il *Gello,* dove sostiene che la lingua fiorentina deriva dall'etrusca.

BRF, Stamp. 13058
BRF, Misc. Del Rosso 415.10

C. RICOTTINI MARSILI-LIBELLI, *Anton Francesco Doni scrittore e stampatore,* Firenze, Sansoni, 1960, p. 344, no. V, con riproduzione del frontespizio.

## 42 - *La Rappresentatione della distrutione di Saul et del pianto di Dauit.*

' Sāpata [*sic*] in Fiorenza per Zanobi tozi da prato In nel mese di Maggio '. 1547.

In quarto. 8 carte. A⁸.

Della famiglia Tosi (o Tozi) da Prato, che si stabilirono come tipografi a Firenze, quello che si conosce per il meglio è Francesco, attivo dal 1574 a dopo il 1600. Ma esiste anche uno Zanobi, con due opuscoli del 1547, e un Diacinto (Giacinto), attivo forse solo dopo il 1600.

Zanobi Tosi è registrato soltanto dal Kristeller (*Florentine woodcuts*) fra tutti i bibliografi.

BNCF, Banco Rari 184


## 43 - *Lettioni d'Academici Fiorentini sopra Dante.* Libro primo.

In Fiorenza MDXLVII. (Colophon:) Stampate in Fiorenza appresso il Doni a di xxviij del mese di Giugno MDXLVII.

In quarto. Frontespizio + pp. 9-110.

Anton Francesco Doni (1513-1574) pubblicò venti opere a Firenze nel 1546 e nel 1547, poi due a Venezia nel 1548 e nel 1549. È molto meglio conosciuto come autore che come editore. Questa raccolta di lezioni comprende scritti di Francesco Verini, Giovanni Battista Gelli, Giovanni Strozzi, Pierfrancesco Giambullari, Cosimo Bartoli, Giovanni Battista da Cerreto e Mario Tanci. Tutto il libro è stampato in piccolo car. corsivo. Non manca testo prima della pagina 9, perché le pp. 1-8 non esistono: questo si deduce dal registro in fine al volume. Il Doni elenca sei errori di stampa, ma poi dice ' gli altri si rimettono al giudicio & alla discretione di chi legge '.

BNCF, Banco Rari 360

C. Ricottini Marsili-Libelli, *Anton Francesco Doni, scrittore e stampatore*, Firenze, Sansoni Antiquariato, 1960, p. 356, no. XVIII.
Paul F. Grendler, *Critics of the Italian world (1530-1560). Anton Francesco Doni, Nicolò Franco, & Ortensio Lando*, Madison, Milwaukee, & London, University of Wisconsin Press, 1969.

## 44 - *La Rappresentazione di Sancto Antonio Abate.*

Per Lorenzo Peri, 8 agosto 1547.

In quarto. 8 carte.

Una tipica produzione delle tante Sacre Rappresentazioni stampate a Firenze nel Cinquecento.

Nel 1556 troviamo un parente di Lorenzo, Marco Peri, che stampa da solo. Questo, dal 1566 al 1568, stampa a Firenze in compagnia di Valente Panizza, proveniente da Ferrara.

BNCF, E.6.5.1.I (20)

## 1550

## 45 - LEON BATTISTA ALBERTI, *L'architettura.* Tradotta in lingua Fiorentina da Cosimo Bartoli, Gentil'huomo & Accademico Fiorentino. Con la aggiunta de disegni.

Lorenzo Torrentino, 1550.

In folio. pp. 404.

Lorenzo Torrentino (Laurens van der Beke, fiammingo), ' Impressor Ducale ', stampa più di 160 edizioni importanti e molto belle a Firenze fra il 1547 e il 1565, seguito poi dai figli. Egli è quindi uno dei più attivi fra i tipografi fiorentini del secolo XVI.

Da notare il bellissimo carattere romano, le iniziali, il ritratto dell'Alberti e disegni architettonici, tutti di prima classe nell'arte del libro stampato.

Cosimo Bartoli (Firenze 20 dicembre 1503 - 25 ottobre 1572) si era esercitato nell'architettura a Roma da giovane. La sua traduzione dell'Alberti (la seconda - la prima, pubblicata a Venezia nel 1546, era di Pietro Lauro) non è molto accurata.

BRF, Stamp. 11039

DOMENICO MORENI, *Annali della tipografia fiorentina di Lorenzo Torrentino, impressore ducale.* Edizione seconda, aumentata. Firenze, 1819.
*Cinque secoli del libro italiano*, Roma 1965, no. 265.
R. CANTAGALLI e N. DE BLASI, *Cosimo Bartoli*, in DBI, VI (1964), pp. 561-563.

# INDICE

*55*

*Finito di stampare nel maggio 1984
con i tipi della Tiferno Grafica
di Città di Castello*